# 野菜に魔法をかける

## 10のルールと100のレシピ

*Tomoki*

大和書房

# はじめに

　昔は、塊肉をガツッと焼いたり、煮込んだりと、こってりした料理ばかりを作っていたのですが、結婚や子どもの誕生など暮らしの変化により食生活が変わり、野菜やフルーツなどを取り入れた、バランスのよいレシピを意識するようになりました。

　不足しがちな野菜やフルーツをたっぷり摂れるよう、なるべくシンプルに、おいしくいただけるレシピを考えています。特にフルーツは、食後に食べようとすると、たどり着く前にお腹いっぱいになってしまいがち。なので、フルーツはサラダにして、食卓に並べるようになりました。

　フルーツには甘味や酸味、野菜にはさらに辛味や苦味など、それぞれの食材によって味わいに個性があるので、それを生かすように塩や砂糖、はちみつ、ビネガーなどの組み合わせを考え、味つけをしています。

　同じ野菜でも季節や品種によって味わいが違ってくるため、たとえば甘いトマトなら少しビネガーを加えたり、酸っぱければはちみつをかけてバランスを取ったり、淡白な味わいだったら少し塩を強めたり、砂糖を加えてコクを出したり。

　肉魚料理の付け合わせでありながら、さらに料理全体がおいしくなるよう、相互に高め合える野菜料理を目指しています。

　本書ではビネガーを使った料理が多く登場します。我が家では穀物酢、米酢、りんご酢、黒酢、赤や白ワインビネガー、白バルサミコ酢、シェリービネガー……などをそろえて使い分けていますが、まずは2、3種類を取りそろえ、野菜の味わいによって使い分け、味の違いを楽しんでみてください。

　本書のレシピを参考に、お好みに合わせて調味料を調整したり、アレンジを楽しんでもらえたらうれしいです。

2023年8月吉日　Tomoki

# 野菜に魔法がかかる10のルール

## Rule 1 常備しておけば アレンジ自在

→P.9

冷蔵庫に2、3品、野菜料理を常備しておくと便利。付け合わせや副菜の他、ソース代わりにしたり、パンにはさんだり……とさまざまに活用できます。マリネ液やオイル、はちみつに漬けておけば日持ちもします。

## Rule 2 肉魚料理は さっぱり野菜を合わせて

→P.25

肉魚料理と掛け合わせることで相乗効果が生まれる野菜料理。こってりした主菜の箸休めにしたり、野菜のコクとうま味が肉魚料理のソース代わりになったり。野菜の歯ごたえが楽しいひと皿になります。

## Rule 3 フルーツをサラダ感覚で

→P.41

フルーツはそのまま食べてももちろんおいしいのですが、サラダ感覚でいただくとお酒のアテにもなります。シンプルに調味料をさっとかけたり、チーズや生ハムと合わせるだけでごちそうの完成。

## Rule 4 根菜はじっくり調理を

→P.57

じっくりと加熱することでぐっと甘味が増し、ホクホクになる根菜たち。風味も立ってくるので、シンプルな調味でもじゅうぶんおいしい味わいになります。ハーブやスパイスとの相性も抜群。

## Rule 5 チーズで塩気と うま味をのせる

→P.71

野菜とチーズを組み合わせると、塩気やうま味がプラスされ、料理自体に深みが出ます。チーズはハードタイプとフレッシュタイプで違った味わいになるので、どんなチーズを選択するかも楽しみのひとつ。

## Rule 6 香草やハーブ、 薬味を主役に

→P.85

香味野菜やハーブ類の他、ねぎやにんにく、しょうがなどの薬味は、独特な香りが特徴。風味自体が調味料のような味わいになり、たっぷり使うことで個性が生きる逸品になります。

## Rule 7 旬野菜はシンプルに食す

→P.101

旬野菜はシンプルな調理が一番おいしくいただけます。焼くだけ、さっと揚げるだけ、蒸すだけ、シンプルな調味液で和えるだけ、と調理法は簡単に。野菜そのものの味わいを最大限おいしくいただきます。

## Rule 8 苦味野菜で 料理に奥行きを

→P.115

ほんのり感じる苦味は料理のちょうどよいアクセントになります。菜の花やうどといった春野菜、ゴーヤやピーマンといった夏野菜など苦味がおいしい野菜には、スパイスや個性的な調味料との相性が◎。

## Rule 9 ソースを手作りする

→P.125

にんじん、玉ねぎ、パセリがたくさん手に入ったら、ソースにしておくと重宝します。シンプルな料理に合わせれば味わいに奥行きが出るだけでなく、オレンジ、白、緑の鮮やかな色で料理が映えます。

## Rule 10 彩りあるワンプレートで 華やかに

→P.143

手をかけなくても、シンプルに調理した食材や常備菜をひと皿に集めると、お好みで混ぜて食べたり、箸休めにしたりと楽しみ方いろいろ。このひと皿で他に何もいらないワンプレートは見た目も華やか。

CONTENTS

## Rule 3　フルーツをサラダ感覚で



## Rule 4　根菜はじっくり調理を

## Rule 5 チーズで塩気とうま味をのせる



## Rule 6 香草やハーブ、薬味を主役に

## Rule 7 旬野菜はシンプルに食す



## Rule 8 苦味野菜で料理に奥行きを

## Rule 9 ソースを手作りする



## Rule 10 彩りあるワンプレートで華やかに



本書では

- できあがり分量、調理時間はおおよその目安です。
- 火加減の目安を記載していますが、ガス、IHなど機種によって異なるため、レシピを参考に火加減や加熱時間を調整してください。
- 分量の単位は大さじ1＝15cc、小さじ1＝5ccです。
- 野菜は皮むき、下処理を前提としています。

# Rule 1

## 常備しておけばアレンジ自在

### マリネ液やオイルに漬けて常備保存

手に入りやすい身近な食材を使って作る常備菜。常備しておけば、単品ではもちろんのこと、副菜にしたり、ソースにアレンジしたり、お肉やお魚料理と合わせたり、パンにはさんだり……とさまざまなシーンで使えます。

味つけは、酸味+甘味+オイルでマリネしたもの、白ワインで蒸し煮にしたエチュベ、オイルやはちみつ漬けなど、とてもシンプル。

特にマリネは応用しやすく、酸味は赤や白のワインビネガーやバルサミコ酢、米酢や穀物酢、レモンなどの果汁を、甘味は砂糖やはちみつ、メープルシロップなどを使って掛け合わせます。マリネとひと言で言っても、食材や調味料によって、まるで別料理のように違う味わいに仕上がります。お好みで応用を。

# 紫キャベツのマリネ

目にも鮮やかな紫キャベツは、食卓に彩りを与えてくれる一品。
酸味はコクのある赤ワインビネガーを、甘味はやさしい風味のはちみつが心地よい。
単品でももちろん、お肉やお魚などと合わせても相性がいい優等生的マリネ。

材料（作りやすい分量）

紫キャベツ…200g（1/4個）

Ⓐ
- 赤ワインビネガー…大さじ1
- はちみつ…小さじ1
- 塩…小さじ1/2
- 黒こしょう…適量
- オリーブ油…大さじ1

オリーブ油…大さじ1
水…大さじ1〜

作り方

1 Ⓐでマリネ液を作る。ボウルにオリーブ油以外の材料をすべて入れ、混ぜ合わせる。塩がしっかり溶けたらオリーブ油を少しずつ加え、とろみがつくまで混ぜる。

2 紫キャベツを千切りにする。鍋に紫キャベツとオリーブ油を入れ、混ぜてオイルコーティングする。水を加えてふたをし、中火で加熱する。

3 沸々としてきたら弱火に落とし、3分ほど蒸らす。

4 ③を①に加えてよくもみ込み、器に盛る。お好みで貝割れ大根（分量外）をトッピング。

## 肉魚料理との相性がよく見た目のアレンジも楽しい

紫キャベツの色は映えるので、単品でももちろん見栄えがいいし、他の食材と組み合わせるときも、色を意識しています。たとえば、鮮やかな紫色を生かすのに、タラなど白身魚の蒸し料理に添えると、白も紫も引き立ってきれいな仕上がりに。ブルーベリーを合わせればワントーンでまとまるうえ、フルーティーなジューシーさも加わります。

赤ワインビネガーの酸味や風味がほどよく、肉魚料理との相性は抜群。赤ワインビネガーのコクがある感じが好きなので、カツオと合わせるのが個人的にはベストマッチだと思っています。

材料（作りやすい分量）

紫玉ねぎ…200g（1個）
Ⓐ
- 赤ワインビネガー…100cc
- きび砂糖…大さじ4
- 塩…小さじ1/2

作り方

1 紫玉ねぎはスライサーなどで薄切りにし、耐熱ボウルに入れる。

2 鍋にⒶの材料をすべて入れて中火にかけ、ひと煮立ちさせてマリネ液を作る。

3 ②を①に加え、全体をよく混ぜ合わせる。

4 粗熱がとれたら保存容器に移す。冷蔵庫でよく冷やしたら完成。

## 箸休めにもサラダにも サンドイッチの具にもなる

甘味はきび砂糖を使ってやさしい味わいに仕上げています。辛味が少なく、シャキシャキした食感が気に入っています。

さっぱりした味わいなので、カレーなどこってりした濃いめの料理の箸休めにおすすめ。

我が家では蒸し鶏と合わせるサラダが人気です。サンドイッチの具としても出番が多く、色味がきれいなので、ホットドッグパンなどにはさめばベーカリー仕様に。

# 紫玉ねぎの甘酢マリネ

紫と白の２色のコントラストが美しい紫玉ねぎは、
一般的な「黄玉ねぎ」に比べて辛味が少ないのが特徴。
みずみずしく、シャキシャキ感もおいしい。
食卓をにぎやかにしつつ、箸休めとしても重宝しています。

# セロリのレモンマリネ

青っぽい香りが独特なセロリは、それだけで存在感があります。
シャキシャキの、みずみずしさがおいしく、
さっぱりとしたレモン果汁でマリネしたら、
淡いグリーンのさわやかなひと皿になりました。

材料（作りやすい分量）

セロリ…100g（1本）

Ⓐ
- レモン果汁…小さじ2
- はちみつ…小さじ1
- 塩…小さじ1/4
- 黒こしょう…適量
- オリーブ油…小さじ2

作り方

1. Ⓐでマリネ液を作る。ボウルにオリーブ油以外の材料をすべて入れ、混ぜ合わせる。塩がしっかり溶けたらオリーブ油を少しずつ加え、とろみがつくまで混ぜる。
2. セロリを斜めに薄くスライスし、①に加えたらよく和える。
3. 器に盛り、お好みでレモン（分量外）を添えたら完成。

## セロリ×レモン果汁で最強のさっぱり感

マリネ液は酸味＋甘味＋オイルの風味で作ります。酸味は赤や白ワインビネガー、酢、バルサミコ酢、マヨネーズ、粒マスタード、柑橘系など。甘味は砂糖やはちみつ、メープルシロップで、オイルはオリーブ油など。

セロリには独特の青っぽさがあるので、キレがあってあっさりしたレモン果汁との組み合わせが◎。レモン以外にもはっさくやグレープフルーツなどの柑橘系もよい組み合わせに。最近のお気に入りは、軽く塩をしたゆでタコとセロリのレモンマリネの組み合わせ。

# きゅうりのピクルス

夏になると安くて大量に出回るきゅうりを入手できたら、まず作るのがこのピクルス。
きゅうりはシンプルに塩やマヨネーズで食べるのもいいけど、
ローリエやタイムのハーブがきいたピクルスにするとワインが進みます。

材料（作りやすい分量）

きゅうり…250〜350g（3〜4本）

Ⓐ
- タイム…3枝
- ローリエ…1枚
- 赤唐辛子…1本
- 白ワイン…100cc
- 酢…250cc
- 砂糖…70g
- 塩…小さじ1
- 黒こしょう（ホール）…6粒
- 水…100cc

作り方

1 Ⓐでピクルス液を作る。鍋に酢以外の材料をすべて入れて中火にかけ、ひと煮立ちさせてアルコールを飛ばす。酢を加え、弱火で沸々とした状態で5分ほど加熱したら火を止め、常温になるまで冷ます。

2 きゅうりを横3等分に切り、消毒した保存瓶に入れる。①のピクルス液を注ぎ入れ、ふたをして冷蔵庫でひと晩冷やす。

3 食べやすい大きさに切り、器に盛ったら完成。

## 前菜にもソースにも 応用の守備範囲が広い

酢はくせがなくすっきりとした酸味の穀物酢を使っています。もちろん、お好みで米酢を使ってもOK。ハムなどと一緒に盛りつければ、ちょっとしたビストロ風の前菜にもなり、家飲みがとても楽しい時間になります。

また、刻んで玉ねぎやゆで卵、マヨネーズと合わせて混ぜれば、自宅でも簡単に、本格的なタルタルソースが楽しめます。細かく刻んでヨーグルト、にんにくのすりおろし、刻んだディルと合わせ、グリルしたサーモンにかけて食べるのもおいしいです。

# ビーツのマリネ

濃い紫色のビーツは、意外とくせがなく甘くておいしい野菜。
根菜特有の土っぽい風味に、自然の甘味があり、好きな食材のひとつです。
奇跡の野菜とも言われるほど栄養価が高く、旬は初夏と初冬の2回あります。

材料（作りやすい分量）

ビーツ…200g（大1/2個）
Ⓐ
- バルサミコ酢…大さじ1
- はちみつ…小さじ1
- 塩…小さじ1/2
- 黒こしょう…適量
- オリーブ油…大さじ1

オリーブ油…大さじ1
水…大さじ1～

作り方

1 Ⓐでマリネ液を作る。ボウルにオリーブ油以外の材料をすべて入れ、混ぜ合わせる。塩がしっかり溶けたらオリーブ油を少しずつ加え、とろみがつくまで混ぜる。

2 ビーツを千切りにする。鍋にビーツとオリーブ油を入れ、混ぜてオイルコーティングする。水を加えてふたをし、中火で加熱する。

3 沸々としてきたら弱火に落とし、3分ほど蒸らす。

4 ③を①に加えてよくもみ込み、器に盛る。お好みでスプラウト（分量外）を添える。

## 鮮やかな赤紫色を生かして他の食材との組み合わせを楽しんで

皮も果肉も鮮やかな色のビーツは、ロシアの伝統料理「ボルシチ」に入っていることで有名な食材。

丸ごとゆでると時間がかかるので、千切りにして調理時間を短縮しています。また、焼きいもをオーブンで焼く要領で下準備してもOK。その場合、アルミホイルに包んで180°C程度の高温で1時間弱焼きます。

ビーツは味がしっかりしているので、コクと酸味のあるバルサミコ酢とはちみつで味つけをすると、どの味も引き立ってバランスのいい仕上がりに。

彩りが美しいのもビーツの特長。鮮やかな赤紫色を生かしたいのなら、赤大根やザクロなど同系色の野菜と合わせたり、グラデーションを楽しみたいのならカッテージチーズの白と合わせたり。楽しみ方もいろいろです。

# キャロットラペ

フランスの家庭料理の定番「キャロットラペ」。
千切りにスライスしたにんじんを
ささっと調味料で和えるだけの簡単な副菜。
常備しておけばアレンジしやすく、
使い勝手のいい一品です。

### 材料（作りやすい分量）

にんじん…200g（大1本）

Ⓐ
- 白ワインビネガー…大さじ1
- ディジョンマスタード…小さじ1
- きび砂糖…小さじ1/2
- 塩…小さじ1/2
- 黒こしょう…少々
- オリーブ油…大さじ1

### 作り方

1. Ⓐでマリネ液を作る。ボウルにオリーブ油以外の材料をすべて入れ、混ぜ合わせる。塩がしっかり溶けたらオリーブ油を少しずつ加え、とろみがつくまで混ぜる。
2. にんじんをスライサーなどで千切りにする。
3. ②を①に加えてよくもみ込み、器に盛ったら完成。

## 応用の守備範囲は抜群に広く副菜や付け合わせ、サンドイッチにも

レーズンやナッツを混ぜる、クミンなどのスパイスをきかせる、はちみつやマーマレードなどで少し甘めに仕上げるなど、味つけのバリエーションが広いこの料理。

我が家では白ワインビネガーとディジョンマスタードの酸味、きび砂糖の甘味で、やさしい味つけにしています。

肉料理や魚料理に添える、サンドイッチの具にする、はっさくなど柑橘類と和える、から揚げなど揚げ物に絡めてサラダにする、など応用はいろいろ。おかげで我が家では常備率No.1です。

# 白ねぎのエチュベ

長ねぎを少量の水分で蒸し煮にし、
とろとろにやわらかく仕上げた「エチュベ」。
ふんわりとやさしい長ねぎの甘さと、
バターの風味が幸せな気分にさせてくれます。
食べる前に温めてお召し上がりください。

材料（作りやすい分量）

長ねぎ…200g（2本）
バター（無塩）…10g
白ワイン…大さじ1
塩…少々
黒こしょう…適量
水…大さじ2

作り方

1 長ねぎは5cm幅に切る。

2 厚手の鍋に黒こしょう以外の材料をすべて入れ、ふたをして強火にかける。ひと煮立ちさせたら弱火に落とし、15分ほど蒸し煮にしたら火を止める。ふたをしたまま粗熱をとる。

3 保存容器に移し、黒こしょうを振ったら完成。冷蔵庫で保存する場合は、食べる前に温める。

## 和洋問わず、料理の品格をワンランクアップ

和にも洋にも合うので、常備しておくととても重宝します。肉や魚料理に添えると、塩・こしょうを振っただけのシンプルな味つけでも、長ねぎやバターの風味がおいしさを底上げしてくれます。

ハムと一緒にパンにはさむのも美味。最近のマイブームは和食に白ねぎのエチュベを使うこと。うどんに白ねぎのエチュベとしょうゆ、生卵をのせて釜玉うどんに、ごはんに白ねぎのエチュベとしょうゆベースで味つけをしたお肉をのせて牛丼風に。

材料（作りやすい分量）

ミニトマト…20個
ローズマリー…適量
塩…適量
オリーブ油…適量

作り方

1 ミニトマトを横半分に切る。二重にしたキッチンペーパーにトマトの断面を下にして5分ほど置き、水分を吸わせる。

2 天板にクッキングシートを敷き、トマトの断面を上にして並べる。トマト同士が重ならないように少し離す。

3 塩を全体に薄く振り、オリーブ油少々を回しかける。

4 120℃に予熱したオーブンで③を90分ほど焼き、取り出したら30分ほど冷ます。

5 消毒した保存瓶に④を入れ、オリーブ油をひたひたになるまで加える。ローズマリーを加えたら完成。保存は冷蔵庫で。

## トマトのポテンシャルを最大限に発揮

フレッシュトマトとドライトマトのいいとこ取りというべきセミドライトマト。フレッシュトマトの甘酸っぱさはそのままに、味は濃厚。4歳になる息子も大好物で、常備しておくとパクパク食べています。

水分がほどよく飛び、甘味とコクがぎゅっと濃縮されるので、千切りにした大葉と一緒に冷製パスタと合わせれば、夏にぴったりのひと皿に。

また、刻んだオリーブと玉ねぎと一緒に、ペンネなどのショートパスタと合わせれば、サラダ感覚でいただけます。

他にも、肉や魚のグリルに添えたり、生ハムと合わせたり……と使い方は無限大です。

# セミドライトマトのオイル漬け

低温でじっくり時間をかけて水分を抜いたセミドライトマト。
濃縮された甘味とほどよい酸味がくせになります。
そのまま食べておつまみに、料理に加えて奥行きを。

# 千切りじゃがいものサラダ

マヨネーズともよく絡む、シャキシャキとした千切りのじゃがいも。
ポテトサラダの千切りバージョンで、歯ごたえも楽しめます。
じゃがいもをさっとゆでるだけのスピーディー料理で、万人ウケ間違いなし。

### 材料（作りやすい分量）

ロースハム…50g
じゃがいも…200g(2個)
マヨネーズ…大さじ2
塩…適量
黒こしょう…適量
オリーブ油…小さじ1

### 作り方

1 ロースハムは千切りにする。じゃがいもは皮をむき、千切りにして水にさらす。

2 鍋に水適量（分量外）を沸かし、沸騰したらじゃがいもを入れる。再び沸々としてきたらザルに上げて水で洗い、水気をよく切って絞る。

3 ボウルにロースハム、②、マヨネーズ、オリーブ油を入れて混ぜ合わせ、塩で味を調える。

4 器に盛り、黒こしょうを振ったら完成。

### さっとゆでてシャキッと おいしいポテサラ風

食感が楽しいので、じゃがいもはホクホクした男爵より、シャキシャキしたメークイーンや新じゃががおすすめです。

千切りにしたきゅうりやにんじんを混ぜれば、シャキッとした新食感のポテサラ風にアレンジできます。

マヨネーズは市販のものでもいいのですが、たまにはこだわって自家製を楽しんでみては。ボウルに常温に戻した卵黄（1個分）を入れ、オリーブ油（120cc）を1滴ずつ加えながらホイッパーで混ぜて乳化させます。この作業がとても大切なので丁寧に。オリーブ油を入れ終わったら、ディジョンマスタード（小さじ2）、塩（少々）を加え、塩がよく溶けるまで混ぜたらできあがりです。仕上げに、お好みでレモン果汁や他のビネガーを少量加えるアレンジも◎。

# はちみつレモン

はちみつレモンも常備しておくと、さまざまな料理に使えて便利。
肉や魚に、はちみつに漬けたレモンを１枚のせてグリルすれば、立派な主菜に。
刻んでほんのり塩をきかせれば、さわやかな調味料として活躍。

材料（作りやすい分量）

レモン…200g（2個）
はちみつ…適量
塩…小さじ1/2

作り方

1 レモンをよく洗い、水分を拭き取る。皮ごと薄くスライスし、種を取り除く。

2 バットにレモンを広げ、塩を全体に振る。

3 消毒した保存瓶にレモンを入れ、レモンが浸る程度にはちみつを注ぎ入れる。冷蔵庫で寝かせ、時々上下をひっくり返す。1日以上経ったくらいが食べ頃。

## 肉や魚のシンプルグリルにさわやかさとコクを

「レモン風味の塩」といった「塩レモン」とも違い、はちみつの甘さがメインのこの逸品。少しの塩が甘さをより引き立ててくれます。

肉や魚に絡めてオーブンで焼くだけでごちそうに。ピリッとしたフレッシュレモンとは違い、コクのあるはちみつの甘さがリッチ感を演出してくれます。ほどよい皮の苦味と、あっさりしているけど余韻のある後味は、料理に深みを出してくれます。

# Rule 2

## 肉魚料理はさっぱり野菜を合わせて

### 肉も魚も、野菜も、すべてが主役

肉料理や魚料理に合わせる野菜は、付け合わせや箸休めでありながら、お肉やお魚と同等の主役級の存在感に。

野菜をたっぷり使い、肉魚料理なのにサラダ感覚で食べられるものや、具だくさんのソース代わりになるレシピたちをご紹介します。

お肉だけ、お魚だけ、野菜だけでももちろんおいしいのですが、掛け合わせることで「肉や魚があるから野菜も食べたくなる」「野菜がたっぷりあるから肉や魚も食べたくなる」といった相乗効果でもりもり食べられます。

お肉やお魚の主菜、野菜の副菜をひと皿で両方食べられるオールインワン的な料理としても楽しめます。普段使いはもちろん、おもてなしにも喜ばれるレシピを用意しました。

# 牛肩ロースとトマトのサルサ

ごろごろの牛肉にどさっとトマトがのったボリュームのあるひと皿。
トマトサルサのトマトやレモンのすっきりとした酸味と、
ホットソースのピリッとした辛味がアクセントになったくせになる味です。

材料（6～7人分）

牛肩ロースブロック肉…300g

Ⓐ
- トマト…150g（1個）
- 紫玉ねぎ…50g（1/4個）
- イタリアンパセリ…2枝
- レモン果汁…小さじ2
- 砂糖…小さじ1/2
- ホットソース（タバスコなど）…小さじ1～お好みで（なしでもOK）
- 塩…少々
- 黒こしょう…適量
- オリーブ油…大さじ1

イタリアンパセリ…適量
塩…小さじ1/2
黒こしょう…適量

作り方

1 Ⓐでトマトサルサを作る。トマトは1～2cm角に切り、紫玉ねぎとイタリアンパセリは粗みじん切りにする。ボウルにⒶの材料をすべて入れ、さっと混ぜ合わせる。

2 牛肉は2cm角に切り、塩を振る。

3 フライパンを中火で熱し、②の全面に焼き色がつくまで焼き、黒こしょうを振る。

4 器に③を盛り、①のトマトサルサをかけ、刻んだイタリアンパセリを散らしたら完成。

## トマトの切り方を変えるだけで料理のバリエが楽しめる

サルサといえばメキシコ料理などに欠かせない「ソース」のこと。日本では、トマトを使ったメキシコのサルサがポピュラーです。

トマトは、切り方によって料理の雰囲気を変えることができます。細かく刻んでソースのようにしてもいいし、このレシピのように、牛肉と同じくらいのサイズに切れば、ごろっとボリューム感のあるひと皿に。

これをごはんにかけ、シュレッドチーズと千切りにしたレタスを合わせれば、沖縄のタコライス風になります。

辛いのが好きな方は、ホットソースの量で好みの辛さに調整してみてください。

材料（3～4人分）

牛タン…200g
長ねぎ…50g（1/2本）
お好みの葉物野菜・根菜…適量
（写真はベビーリーフ、水菜、紅くるり大根）
レモン果汁…小さじ1
柚子こしょう…適量
黒こしょう…適量
サラダ油…適量
オリーブ油…適量

作り方

1 長ねぎは斜め薄切りにする。

2 フライパンにサラダ油を熱し、牛タンと長ねぎをさっと焼く。

3 ボウルに②を入れ、レモン果汁、柚子こしょう、黒こしょうを振ってさっと和える。

4 別のボウルにお好みの野菜を入れ、オリーブ油を垂らしてさっと和え、オイルコーティングする。

5 器に③と④をバランスよく盛りつけたら完成。

# 牛タンと 柚子こしょうのサラダ

刻んだねぎのたれをのせ、「ねぎタン塩」として
焼肉でいただくことが多い「牛タン」。
その牛タンをどさっと盛った葉野菜と合わせ、
ボリューム感たっぷりのメインディッシュに。

## コリコリ食感の牛タンをさっぱりとしたサラダで

牛タンとたっぷりの野菜を和えた栄養満点のサラダ。牛タンに長ねぎとレモンを合わせ、焼肉屋さんのねぎタン塩の組み合わせに柚子こしょうをきかせてみました。

葉野菜はオイルコーティングがポイント。歯ごたえのある牛タンとハリのある葉野菜に、お好みでごまや松の実を合わせてもおいしいです。今回は、見た目にもおいしくするために、紅くるり大根を色のアクセントにしてみました。

# ビーツのマリネと豚しゃぶサラダ

ビーツ色に染めてワントーンで
まとめた豚しゃぶサラダです。
紫キャベツのスプラウトを飾り、
マリネ液とドレッシングを混ぜたソースを
お皿にあしらえば、レストラン仕立ての
おしゃれな盛りつけになります。

材料（2～3人分）

豚薄切り肉（しゃぶしゃぶ用）
…200g
ビーツのマリネ（P.16参照）…50g
Ⓐ
- 白だし…小さじ1
- しょうゆ…小さじ1
- レモン果汁…小さじ1
- オリーブ油…小さじ1

作り方

1. ボウルにⒶの材料をすべて入れ、よく混ぜ合わせてドレッシングを作る。
2. 鍋に水適量（分量外）を入れて火にかけて70～80℃まで沸かし、豚肉をさっと湯がいてザルに上げる。
3. ②の粗熱がとれたら、①に加える。ビーツのマリネも加え、全体をよく和える。
4. 器に③を盛り、お好みで紫キャベツのスプラウト（分量外）を散らしたら完成。

## 軽めの赤ワインに合うサラダ仕立ての豚しゃぶ

冷蔵庫の中をのぞいてみたら豚薄切り肉を発見。常備していたビーツのマリネと合わせたら面白い組み合わせになりそうだなと思い、サラダにしてみたらぴったり。偶然の産物ですが、なかなか自分好み。軽めの赤ワインとの相性は抜群です。

ビーツのマリネ以外にも、キャロットラペ（P.18参照）を和えたり、白ねぎのエチュベ（P.19参照）を巻いたりしても間違いなくおいしいです。

ドレッシングはぽん酢をヒントに、白だしにレモン果汁を合わせてさっぱりと仕上げました。

# 豚肩ロースのオーブン焼き セミドライトマトソース添え

トマトの赤色と、バジルの緑色のコントラストが鮮やかで、お皿の上がにぎやか。
脂身と赤身のバランスがよく、うま味とコクが強い豚肩ロース肉と
甘酸っぱいトマトソースは、絶妙のコンビネーションを発揮してくれます。

材料（6～7人分／ソースは作りやすい分量）

豚肩ロースブロック肉…600g
バジル…適量
Ⓐ
アンチョビ…2切れ
紫玉ねぎ…50g（1/4個）
バジル…適量
セミドライトマトのオイル漬け（P.20参照）…全量
塩…適量
黒こしょう…適量
塩…6g（肉の重さの1%が目安）

作り方

1 豚肉全体に塩をすり込み、最低でも30分、できれば1日冷蔵庫で寝かせる。焼く30分前に取り出して常温に戻しておく。

2 天板に①をのせ、120℃に予熱したオーブンで90分ほど、何度か裏返しながら全体に焼き色がつくまで焼く。

3 Ⓐでセミドライトマトソースを作る。アンチョビ、紫玉ねぎ、バジルはみじん切りにする。ボウルにⒶの材料をすべて入れ、よく混ぜ合わせる。

4 焼いた豚肉を食べやすい大きさに切って器に盛り、③のセミドライトマトソースとバジルを添えたら完成。

## 低温調理で しっとり仕上がった豚肉を 万能なドライトマトソースで

豚肩ロースブロック肉に塩をまんべんなくすり込んで余計な水分と臭みを抜き、うま味を凝縮させます。豚肉を焼くときは、きちんと中にも火が通るように常温に戻してから焼きましょう。焼き時間は、焼き色を見ながら調整を。

フレッシュトマトより甘酸っぱさが強く、味の凝縮度が高いセミドライトマトのソースは、どんな食材もおいしくする優等生。

脂身と赤身のバランスがよく、コクのある豚肩ロース肉以外にも、脂身がおいしい鶏もも肉、淡泊ながらも味わいのある白身魚のグリルにも合います。

また、さっとゆでたエビやタコにかけてもおいしいです。さわやかなバジルの香りも料理に奥行きを出してくれます。

# 豚バラとオニスラの
# さっぱりドレッシング

脂こそがおいしい豚バラ肉を、オニオンスライスと一緒にさっぱりといただきます。
ブロック肉のままオーブンで焼いて、さっぱりしたオニオンドレッシングで。
キンキンに冷えた白ワインやサワーに合う晩酌料理です。

材料（5～6人分）

豚バラブロック肉…500g
紫玉ねぎ…適量
イタリアンパセリ…適量
Ⓐ
- 白だし…大さじ1
- しょうゆ…大さじ1
- レモン果汁…大さじ1
- 砂糖…小さじ1/2
- ホットソース（タバスコなど）…小さじ1～お好みで（なしでもOK）
- 黒こしょう…適量

塩…小さじ1

作り方

1 豚肉全体に塩をすり込み、最低でも30分、できれば1日冷蔵庫で寝かせる。焼く30分前に取り出して常温に戻しておく。

2 アミをのせた天板に①をのせ、180°Cに予熱したオーブンで20～30分、何度か裏返しながら全体に焼き色がつくまで焼く。

3 紫玉ねぎは薄切りにする。イタリアンパセリは粗く刻む。

4 ボウルにⒶの材料をすべて入れ、よく混ぜ合わせてドレッシングを作る。

5 焼いた豚肉を薄く切り、器に盛る。③の紫玉ねぎとイタリアンパセリをのせ、④のドレッシングをかけたら完成。お好みでレモンをかけていただく。

## 豚肉の脂×酸っぱ辛いドレッシングは最強の組み合わせ

我が家の晩酌に時々登場するこのレシピ。豚バラ肉の脂と“酸っぱ辛い”ドレッシングの相性は抜群で、食欲と酒欲をそそります。白だし+しょうゆ+レモン果汁のドレッシングは、ちょっと上品なぽん酢のイメージで作りました。これにホットソースを加えてピリ辛にし、豚の脂を引き立てています。

このドレッシングは、脂が強い料理でもさっぱりいただけるので、鶏もも肉のグリルや、ブリ、サーモン、マグロ、カツオ、サバ、サンマなどにもよく合います。

豚バラ肉はかなり脂が多いので、オーブンで焼く際は、天板の上にアミをのせて焼いてください。

# 鶏のから揚げとキャロットラペ

スタンダードな味つけではなく、あえてタイ料理風の味つけにし、
ほどよく酸味のあるキャロットラペとミックス。
罪悪感を抱きがちなから揚げをサラダ仕立てにしました。

## タイ料理風のから揚げにどっさり野菜をミックス

ナンプラーやレモングラスをから揚げの味つけに使うのがポイントです。ほんのりタイ風の仕上がりで、食欲が増すこと間違いなし。

鶏肉にしっかり下味を染み込ませるのが重要です。そのためには、合わせた調味液に一度に鶏肉を浸け込まず、順々に調味料を足しながら、その都度しっかりもみ込んでいくこと。

しっかり味のついたから揚げ、酸味のあるキャロットラペ、ナンプラーの塩味や独特の風味が絶妙な味わいに。野菜もたっぷり食べられるので、罪悪感もこれで払拭(ふっしょく)。

材料（3～4人分）

鶏もも肉…250g
キャロットラペ（P.18参照）
…から揚げの半量
お好みのスプラウト
（ハーブでも可）…適量
レモングラス…6本
すりおろしにんにく…小さじ1/2
すりおろししょうが…小さじ1/2
片栗粉…適量
ナンプラー…大さじ1
しょうゆ…小さじ1
きび砂糖…小さじ1
黒こしょう…適量
ごま油…適量
揚げ油…適量

作り方

1 から揚げを作る。鶏肉を食べやすい大きさに切り、ボウルに入れ、きび砂糖を加えてもみ込む。

2 ナンプラーとしょうゆを加えてもみ込んだら、細かく刻んだレモングラス、にんにく、しょうが、黒こしょうを加えてもみ込む。

3 片栗粉を全体にまぶし、余計な粉は落とす。

4 160℃の揚げ油で③を3分ほど揚げ、一旦取り出して3分ほど置き、余熱で火を入れる。

5 揚げ油の温度を180℃に上げ、④を1分30秒ほど揚げ、カリッときつね色になったら油を切る。

6 ボウルに⑤のから揚げ、キャロットラペ、お好みのスプラウト、ごま油を入れる。さっと和え、器に盛ったら完成。

# エビとタコのセビーチェ

暑い日におすすめのさっぱりした一品です。
おいしいエビやタコが手に入ったらぜひ作ってみてください。
シンプルな味つけで、素材の味を最大限生かした前菜です。

材料（3～4人分）

エビ（刺身用）…4尾
ゆでタコ…100g
レモン…50g（1/2個）

Ⓐ
- 紫玉ねぎ…50g（1/4個）
- イタリアンパセリ…2枚
- すりおろしにんにく…小さじ1/2
- きゅうりのピクルス（P.14参照）…40g
- きゅうりのピクルス液…大さじ1
- レモン果汁…1/2個分
- 塩…適量
- 黒こしょう…適量

作り方

1 Ⓐでドレッシングを作る。紫玉ねぎは薄切りにし、イタリアンパセリときゅうりのピクルスはみじん切りにする。

2 ボウルにⒶの材料をすべて入れ、よく混ぜ合わせる。

3 エビとタコを食べやすい大きさに切り、②に加えてさっと和えたら、冷蔵庫で15分ほどマリネする。

4 器に③を盛り、レモンを搾ったら完成。

## きゅうりのピクルスがアクセント、晩酌のスターターに

セビーチェは南米ペルーの代表的な料理です。魚介類を柑橘系の果汁や酢でマリネしたもの。

仕上げにレモンをぎゅっと搾ってよりさっぱりと。ドレッシングに浸け込む時間によって魚介の味わいに変化が出ます。さっと浸けてあっさりいただくのも、長めに浸けてしっかり味をなじませてからいただくのも、どちらもおいしいのでお好みで。

タイムやローリエの風味が香るきゅうりのピクルスを加えることで、よりさっぱりと、よりおしゃれに。ビールや白ワインを合わせていただきます。

# ししゃもの甘酢漬け 紫玉ねぎのスライスのせ

サイズは小さいものの、身がやわらかくて脂がのっているししゃもの干物。
焼くだけでもじゅうぶんおいしいけど、ひと手間加えて南蛮漬け風に。
紫玉ねぎをトッピングすると、甘酢液がうっすらピンクになってかわいい仕上がりに。

### 材料（3～4人分）

ししゃも…8尾
紫玉ねぎ…50g（1/4個）
新玉ねぎ…50g（1/4個）
酢…50cc
砂糖…大さじ2
塩…小さじ1/4
黒こしょう…適量
ピンクペッパー…適量
サラダ油…適量

### 作り方

1. 紫玉ねぎと新玉ねぎは薄切りにする。
2. 鍋に酢、砂糖、塩を入れて火にかけ、ひと煮立ちさせたらすぐ火を止め、①の玉ねぎを加えて粗熱をとる。
3. フライパンにサラダ油を中火で熱し、ししゃもの両面を8分ほど焼く。
4. ししゃもがこんがりよく焼けたら深皿に盛り、②をかける。黒こしょうを振り、ピンクペッパーを散らしたら完成。

### ししゃもを揚げずに簡単な南蛮漬け風に

ワカサギや豆アジ、鶏肉などのお魚やお肉をから揚げにし、甘酢に浸ける南蛮漬け。これにヒントを得て作った料理です。揚げ物をするのが面倒だな……と思ったときに、ししゃもを焼いて南蛮漬けにしてみようと思い立ちました。

ししゃもなら、フライパンで焼いてもいいし、トーストしてもいいので手軽。

色を楽しみたいので、トッピングには紫玉ねぎとピンクペッパーを使いました。甘酢がほんのりピンクになるので華やかに。

新玉ねぎがないシーズンは、全量を紫玉ねぎにしてもOK。

ししゃもの干物はしっかり塩がきいているので塩味は薄めに、さっぱりした玉ねぎと一緒に召し上がってください。

# サーモンのポキ

魚介の刺身をたれに浸け込んで香味野菜と和える「ポキ」は、ハワイの伝統料理のひとつ。
日本でいうところの「漬けマグロ」のような料理です。
そのままなら晩酌のアテに、ごはんにのせれば丼に。

材料（2人分）

サーモン…150g
紫玉ねぎ…50g（1/4個）

Ⓐ
- しょうゆ…大さじ1
- 砂糖…小さじ1
- クミンシード…小さじ1
- ガーリックパウダー…少々
- パプリカパウダー…少々
- 黒こしょう…適量
- ごま油…小さじ1

作り方

1 サーモンは角切りに、紫玉ねぎは薄切りにする。

2 Ⓐでポキのたれを作る。ボウルにしょうゆと砂糖を入れ、よく混ぜ合わせる。

3 クミンシードはフライパンで焦げないように乾煎りする。香りが立ったら取り出し、粗熱がとれたら②に加える。

4 ③にⒶの残りの材料をすべて入れて混ぜ合わせたら、①を加えてさっと和える。

5 冷蔵庫で15分ほどなじませたら完成。お好みでスプラウトなどを添えると色のコントラストで映えるひと皿に。

## スパイスのきいたしょうゆだれに 脂ののった刺身を浸けたハワイ料理

クミンシードの香ばしい香り、黒こしょうのパンチ、ガーリックとパプリカパウダーの風味がきいた、スパイス感のある洋風の漬けです。

ハワイの料理で、マグロ以外にもサーモンなどの魚が使われます。ほどよく脂ののった刺身と、スパイスのきいたしょうゆだれの相性がいいので、ブリもおすすめ。

ポイントは刺身を大きめに切ること。ごろんとした刺身にたれがよく絡みます。にんにくをがっつりきかせたいなら、ぜひすりおろしにんにくを。

# ブリとはっさくのカルパッチョ

ブリの刺身を、マリネ液に浸けるのではなく、
はっさくの果肉と果汁でマリネする我が家のオリジナルレシピ。
ブリの脂とはっさくの酸味の絶妙なコンビネーションを楽しんでください。

材料（2人分）

ブリ（刺身用）…100g
はっさく…1/4個
イタリアンパセリ…適量
白ワインビネガー…小さじ2
塩…小さじ1/3〜1/2
黒こしょう…適量
オリーブ油…小さじ2

作り方

1 はっさくは皮をむき、薄皮を取り除いて実を手でやさしくほぐす。イタリアンパセリは粗く刻む。

2 ブリは薄切りにし、重ならないように器に並べる。塩を全体に振り、白ワインビネガーをまんべんなく振りかけ、全体を手で軽く押さえてなじませる。

3 オリーブ油を回しかけ、はっさくとイタリアンパセリを散らし、黒こしょうを振ったら完成。

## ブリのおいしさを引き出すのは口の中ではじけるはっさくの果肉

ブリのような脂がしっかりのった魚は酸味との相性がいいので、冬から春にかけてよく食べるはっさくを使いました。

ブリにほぐしたはっさくの果肉をまぶしますが、あえて果汁を搾らず、果肉の形を残して食感を楽しみます。つぶつぶの果肉が口の中ではじけて、瞬時に甘酸っぱい味と香りが広がる感じがとてもおいしいんです。

はっさくがないシーズンなら、ほどよい酸味のあるグレープフルーツで代用してもおいしいと思います。

# ヤリイカと金柑のマリネ

ヤリイカの透き通った白と、金柑の明るいオレンジ、
チャービルの深いグリーンと、
色のバランスが整った見た目にもおいしいひと皿です。
ヤリイカの甘さも、金柑の苦味や酸味も控えめながら、
ともに良さを引き出すいい関係。

## 材料（2人分）

ヤリイカ（刺身用）…100g
金柑…1～2個
チャービル…適量
アーモンド…適量
レモン果汁…小さじ2
塩…適量
黒こしょう…適量
オリーブ油…適量

## 作り方

1 ヤリイカは細切りにする。

2 金柑は半分に切って種を取り除き、薄切りにする。

3 ボウルに①、②、レモン果汁、塩、オリーブ油を入れてさっと和え、冷蔵庫で15分ほどなじませる。

4 器に③を盛って黒こしょうを振り、砕いたアーモンドと刻んだチャービルをトッピングしたら完成。

## 柑橘のニュアンスが心地よい前菜の一品

金柑の控えめな甘さと酸味、ぎゅっと濃縮された柑橘の香り、ほのかなほろ苦さが、イカのうま味に寄り添う一品です。

金柑は甘露煮が定番ですが、このレシピのように魚介系の料理のアクセントにするのもおすすめ。

ただし、金柑の旬は1～3月頃と限られているので、手に入らないときは陳皮（みかんの皮を乾燥させたもの）を細切りにして代用してみてください。

きりっと冷えた白ワインとのペアリングがお気に入りです。

# Rule 3

# フルーツをサラダ感覚で

## もっとおいしくなるフルーツの食べ方

みずみずしくて甘酸っぱく、そのままでじゅうぶんごちそうな旬のフルーツたち。

こんなにおいしいのだから、そのまま食べるだけではもったいないと思い、さっと調味料を合わせたり、チーズを合わせてみたら、もっとおいしくいただける発見がありました。

酸味や甘味たっぷりのフルーツは、その特徴を生かして調味料は限りなく少なく。少しの塩にオリーブ油やビネガーを足したり、チーズや生ハムなど塩味があるものと合わせたり、できるだけシンプルに。

火入れもほとんどしません。切ってボウルに入れて和えるだけ、と簡単な調理法でごちそうが完成します。それぞれのフルーツの長所を生かすレシピを集めてみました。

# アメリカンチェリーとラディッシュ

初夏から夏にかけて出回るアメリカンチェリー。
大粒でハリがあり、しっかりとした歯ごたえが魅力。
赤×白を意識した華やかなサラダです。

材料（3～4人分）

アメリカンチェリー…15～20粒
ラディッシュ…4個
イタリアンパセリ…適量
ブッラータチーズ…1個
バルサミコ酢…大さじ2
塩…少々
黒こしょう…適量
オリーブ油…大さじ1

作り方

1 小さめの鍋にバルサミコ酢を入れて中火にかける。沸々としてから30秒ほど加熱し、火を止めて冷ます。

2 アメリカンチェリーは種取り器で種を取り除く（種取り器がない場合は、ナイフで1周切り目を入れて取り除く）。ラディッシュは薄切りにする。イタリアンパセリは細かく刻む。

3 ボウルにアメリカンチェリーとラディッシュを入れ、塩を振ったら①を加え、さっと和える。

4 器にブッラータチーズをのせ、③を盛りつける。イタリアンパセリを散らし、オリーブ油と黒こしょうをかけたら完成。

## 塩やチーズにも負けない しっかりした味の チェリーを前菜に

日本のさくらんぼよりも酸味が弱く、甘味があって味が濃いアメリカンチェリー。出回る時期は5～7月あたりと短いため、初夏になったらぜひ食べたい食材のひとつです。

そのまま食べるのももちろんおいしいのですが、せっかくだからいろいろな楽しみ方をしたいフルーツ。

アメリカンチェリーは、さくらんぼほど繊細ではなく、果肉がしっかりしていて食べごたえがあり、味もしっかりしているので、コクのあるバルサミコ酢とよく合います。バルサミコ酢は加熱して、酸味を飛ばしてよりコクを出すのがポイント。同系色のラディッシュと合わせて映えるひと皿に。ラデッシュの代わりに、トマトでも美味。白ワインが進む山盛りチェリーの前菜です。

# メロンとしょうがのマリネ

メロンとミントのグリーンに、カッテージチーズの白と、さわやかな見た目。
メロンの甘さとしょうがのパンチ、ミントの清涼感が絶妙。
露地(ろじ)もののお手頃なメロンが手に入ったら、このひと皿を。

### 材料（3〜4人分）

メロン…250g（1/4個）
しょうが…1片
ミントの葉…1枝分
カッテージチーズ…50g
黒こしょう…適量

### 作り方

1 メロンは皮をむき、食べやすい大きさに切る。しょうがはすりおろして搾る。ミントの葉は刻む。

2 ボウルにメロン、しょうがの搾り汁、ミント、カッテージチーズを入れ、メロンを崩さないようにさっと和える。

3 器に②を盛り、黒こしょうを振ったら完成。

### ヒントは きゅうり×しょうが、さっぱりした夏の箸休めに

夏になると、しょうがのようにピリッとパンチのある食材がおいしく感じられます。きゅうり×しょうがの組み合わせはよくやり、ウリ系はしょうがとも相性がいいなと思っていたので、思い切ってメロンと合わせてみました。

メロンは「野菜的果実」なので、マリネやサラダに最適。甘味が強いので、しょうがを加えて味を引き締め、ミントでさわやかに仕上げました。口の中もさっぱりするので、前菜や箸休めに最適です。

材料（2～3人分）

和梨…320g（1個）
チャービル…適量
Ⓐ
- 粒マスタード…小さじ2
- はちみつ…大さじ1
- 塩…少々
- オリーブ油…小さじ1

黒こしょう…適量

作り方

1 梨は皮をむき、食べやすい大きさに切る。

2 ボウルにⒶの材料をすべて入れ、よく混ぜ合わせてドレッシングを作り、①を加えて和える。

3 器に②を盛り、ちぎったチャービルを散らし、黒こしょうを振ったら完成。

## 甘い梨をピリッとした酸味のあるマスタードと黒こしょうで引き締める

みずみずしくて甘味のある梨は、プチッとした食感と酸味がおいしい粒マスタードとよく合います。また、梨の甘味はさっぱりとしていて塩味とよく合うので、生ハムとの相性も抜群。

この粒マスタードがきいたドレッシングはいちじくと合わせてもおいしくいただけます。

フルーツを調味した料理は食わず嫌いの方も多いようですが、シャキッとした歯ごたえやフレッシュな酸味、甘味をサラダ感覚でいただくと、新しい味わいが楽しめます。

# 和梨の粒マスタード和え

シャキシャキとした梨とプチプチのマスタード。
歯ごたえがあっておいしく、食べるのが楽しい料理です。
夏の暑い日は、しっかり冷やすとより一層おいしくいただけます。

# ラ・フランスとサラミ

果汁たっぷり、濃厚な香り、とろけるようなまろやかな舌ざわり。
ジューシーな果肉を生かし、フルーツサラダにしてみました。
サラミや生ハムの塩味が、ラ・フランスのうま味を引き出してくれます。

材料（2～3人分）

サラミ（スライス）…6枚
生ハム…4枚
ラ・フランス…220g（1個）
ディル…2枝
黒こしょう…適量
オリーブ油…大さじ1

作り方

1 サラミと生ハムは食べやすい大きさにちぎる。ラ・フランスは皮をむき、食べやすい大きさに切る。ディルは細かく刻む。

2 ボウルにサラミ、生ハム、ラ・フランス、ディルの半量、オリーブ油を入れ、さっと混ぜ合わせる。

3 器に②を盛り、残りのディルを散らし、黒こしょうを振ったら完成。

## フルーツにハムなどの塩味をプラスするのは我が家定番のアテ

塩味のきいたサラミと生ハム、これとは対照的にとろんとした甘味のあるラ・フランス。好対照のこれらの素材を合わせることで、1+1=2以上ものおいしさを作り出してくれます。だから味つけはいたってシンプル。オリーブ油でさっと和えて風味づけ。あとはディルで香りをつけて黒こしょうはアクセントに。白ワインとのマリアージュがおすすめです。

# ピンクグレープフルーツと生ハム

塩味のある生ハムやハーブとも相性がいいピンクグレープフルーツは、
年中手に入るし、酸味と甘味のバランスもよいので、
サラダによく使う柑橘類のひとつ。色もかわいらしいので食卓が華やぎます。

材料（3～4人分）

生ハム…3枚
ピンクグレープフルーツ…1個
セロリ…30～40g（1/3本）
タイム…2枚
白バルサミコ酢…大さじ1
黒こしょう…適量
オリーブ油…大さじ1

作り方

1 生ハムは食べやすい大きさにちぎる。ピンクグレープフルーツは皮をむいて実をほぐす。セロリは薄切りにする。

2 ボウルに①、葉をしごいたタイム（1枝分）、枝付きのままのタイム（1枝分）、白バルサミコ酢、オリーブ油を入れてさっと和える。

3 器に②を盛り、仕上げに黒こしょうを振ったら完成。

## ピンクグレープフルーツの味も色も生かしたさっぱりサラダ

ピンクグレープフルーツが主役のサラダなので、合わせる野菜は、味の邪魔をせず、個性も生きるセロリです。セロリの独特のさわやかさも残りつつ、ピンクグレープフルーツの味わいとケンカしない絶妙のコンビ。これに塩味として生ハムを加えました。

とはいえ、ピンクグレープフルーツの味を前面に出したいので、主張の少ない白バルサミコ酢を使用。通常の濃い色のバルサミコ酢と違って食材の色もそのままに。見た目もきれいに仕上がります。

# 白ぶどうと<br>カッテージチーズ

白ぶどうをサラダにするのって少し贅沢な感じ。
白ぶどうとチーズの酸味を生かして、
味つけはメープルシロップだけ。シンプルでおいしい、
ちょっとリッチな気分になれる、とっておきのサラダです。

材料（2～3人分）

白ぶどう（種なし）…10粒～
（写真はトンプソン）
ミント…適量
カッテージチーズ…50g
アーモンド…適量
メープルシロップ…大さじ2

作り方

1 白ぶどうは半分に切る。ミントは刻む。アーモンドは砕く。

2 ボウルにアーモンド以外の材料をすべて入れ、さっと和える。

3 器に②を盛り、アーモンドを散らしたら完成。

## シャクッとした白ぶどうとカリカリアーモンドの食感がおいしいサラダ

我が家では、フルーツを使った料理の出番が多いのですが、中でもシーズンになるとよく食卓に並ぶのが白ぶどう。甘味がそこまで強くなく、料理に使いやすい食材です。

定番の食べ方は、チーズやサラミなどの塩味の合わせ技。チーズは、フレッシュタイプのカッテージチーズやブッラータチーズも合いますし、ブルーチーズやクリームチーズなどもおいしいので、気分によって変えています。

白ぶどうは、ここではトンプソンを使いましたが、シャインマスカットやジュエルマスカットなどでも。歯切れのいいシャクッとしたハリ感もおいしさのひとつです。

味つけにメープルシロップを使って、コクとツヤ感を。ミントで味を締め、アーモンドの風味と食感でアクセントをプラスしています。

# タイムの香りを楽しむ オレンジとナッツのサラダ

オレンジの甘酸っぱさと相性がいいのは、
すがすがしい香りと風味のハーブ、タイム。
オレンジにナッツ類を合わせたオレンジサラダは、
シチリア料理の定番です。

### 材料（2～3人分）

オレンジ…190g（1個）
タイム…2枝
ミックスナッツ…適量
バルサミコ酢…大さじ2
塩…少々
黒こしょう…適量
オリーブ油…大さじ1

### 作り方

1. 小さめの鍋にバルサミコ酢を入れて中火にかける。沸々としてから30秒ほど加熱し、火を止めて冷ます。
2. オレンジは皮をむき、薄皮を取り除いて房ごとに分ける。ナッツは粗めに砕く。
3. バットにオレンジを並べ、ちぎったタイム、塩、①をかけ、冷蔵庫で30分ほど冷やす。
4. 器に③を盛り、オリーブ油をかける。ナッツを散らし、黒こしょうを振ったら完成。

## オレンジとタイムの さわやかコンビに ナッツをトッピング

柑橘系とタイムはさっぱりと仕上がり、とても相性がいい。そこにバルサミコ酢の甘酸っぱさが、いいアクセントになります。

柑橘類は、少し甘さの強いデコポン、ポンカン、清美（きよみ）などがおすすめ。ポイントは果肉を崩さず、盛ったときにきれいに見えるようにオレンジをむくこと。りんごをむくのと同じ要領で、オレンジを回転させながら、外の皮をそぎ落とします。次に果肉と薄皮の間に包丁を入れ、果肉を切り離すときれいにむけます。

# 桃とモッツァレラチーズ

甘くジューシーな桃はそれだけで主役級。この主役をフルに生かすには、
ミルク感はあるけど、味は控えめなモッツァレラチーズを名脇役に。
甘酸っぱい味つけでどちらの良さも引き立ちます。

### 材料（2～3人分）

桃…220g（1個）
ミントの葉…適量
モッツァレラチーズ…1個
バルサミコ酢…60cc
メープルシロップ…適量
塩…少々
黒こしょう…適量
オリーブ油…適量

### 作り方

1 小さめの鍋にバルサミコ酢を入れて中火にかけ、沸々としてきたら弱～中弱火に落とす。半量になるまで2～3分ほど煮詰めたら、火を止めて冷ます。

2 桃はよく洗って産毛を取り、水気を拭き取ったら、皮ごとくし形切りにする。モッツァレラチーズは食べやすい大きさに切り、塩を振る。

3 器に②を盛り、桃にメープルシロップを、モッツァレラチーズに①とオリーブ油を回しかける。ミントの葉を散らし、黒こしょうを振ったら完成。

### 皮のままの桃を使って
### フレッシュな甘味も

桃の果肉は、皮に近いほど味も甘味も強いので、あえて皮のまま使いました。桃を皮ごと使う場合は、無農薬のものを選び、しっかり洗って産毛を取ることがポイントです。

今回は甘い桃に、煮詰めて甘味を引き出したバルサミコ酢を合わせてみました。どちらの個性も引き立つ組み合わせ。ただし盛りつけを美しく見せるには、バルサミコ酢はモッツァレラチーズだけにかけて。白と黒のコントラストが美しく仕上がります。桃にはメープルシロップで甘味をプラス。食べるときにバルサミコ酢を絡めて召し上がってみてください。

# いちごのマリネ リコッタチーズ添え

いちごとチーズの組み合わせは、
一見スイーツのようにも思えますが、
タイムの香りや黒こしょうでアクセントをつければ
ワインのアテに早変わり。
いちごをチーズに絡めて召し上がれ。

### 材料（2人分）

いちご…8粒
タイム…1枝
リコッタチーズ…50g
ピスタチオ（ダイス）…小さじ1
白バルサミコ酢…大さじ1
はちみつ…小さじ2
黒こしょう…適量
オリーブ油…小さじ1

### 作り方

1 いちごは食べやすい大きさに切る。タイムは葉をしごく。

2 ボウルに①、白バルサミコ酢、はちみつを入れ、さっと混ぜたら冷蔵庫で30分ほど冷やす。

3 器に②を盛り、リコッタチーズを添える。オリーブ油を回しかけ、ピスタチオと黒こしょうを振ったら完成。

## 甘酸っぱいいちごを白バルサミコ酢でやさしくマリネ

いちごの甘酸っぱさの引き立て役はバルサミコ酢。いちごの風味や色をそのまま生かしたかったので、あえて白バルサミコ酢を使いました。そして甘味を出すためにはちみつをプラス。はちみつは甘さだけではなく、コクも出ておいしさがぐっと増し、フレッシュいちごとは違った甘味が楽しめます。

クリーミーで乳製品特有の甘味があり、ほんのり塩気も感じられるリコッタチーズを添え、絡めながらいただくのがおすすめ。ピスタチオで香ばしさと彩りを加えています。

材料（2～3人分）

いちじく…2個
ペコリーノ・ロマーノ…適量
むきぐるみ…適量
メープルシロップ…大さじ1

作り方

1 フライパンを中火にかけ、くるみを乾煎りし、冷ましたら砕く。

2 いちじくは半分に切る。

3 器にいちじくを並べ、メープルシロップを回しかけ、ペコリーノ・ロマーノをピーラーでスライスしながらかける。①のくるみを散らしたら完成。

# いちじくと ペコリーノ・ロマーノ

夏と秋の１年に２回旬があるいちじくは、
とろんとした甘さがなんとも言えずおいしい。
メープルシロップをかけて甘味を掛け合わせ、
ペコリーノ・ロマーノの塩味やピリッとした風味をプラス。
食感も、味わいも楽しい逸品。

## いちじくの甘さに チーズの塩気、 相乗効果を生み出す 最強コンビ

果肉がとろんとして甘味が強いいちじくと、塩気と濃厚な羊乳のコクが特徴のペコリーノ・ロマーノは、それぞれ主張しすぎない程度に好対照で、まとまりのあるひと皿に。お互いに引き立て合いながら、個性を生かした一品です。

いちじくの甘さとメープルシロップの甘さの相性も最高。この組み合わせは代替（だいたい）がきかないので、いちじくが手に入ったらぜひ作ってみてください。

材料（1～2人分）

バナナ…1本
チャービル…適量
ブルーチーズ…10g
グラニュー糖…小さじ1
黒こしょう…適量

作り方

1 バナナは縦半分に切り、ラップに包んで冷凍する。

2 バナナが凍ったら取り出し、グラニュー糖を全体に均一にかけ、ガスバーナーなどでブリュレする（焦がす）。

3 器に②を盛り、食べやすい大きさに砕いたブルーチーズ、ちぎったチャービルをのせ、黒こしょうを振ったら完成。

## バナナの表面はパリッ、中は半解凍の2種類の味わいが楽しめる

バナナを加熱すると、甘味が強くなりすぎてしまうので、まずは冷凍します。ガスバーナーなどで表面をあぶることで、表はパリッ、中は半解凍のシャリッとした食感に仕上がります。

バナナの甘味、ブリュレの香ばしさとほろ苦さが、塩味とくせのあるブルーチーズとよく合います。

全体に甘すぎないので、お酒との相性も抜群。デザートというよりアテでいただいています。

# 冷凍バナナのブリュレ

果物の中でも糖度の高いバナナを
デザートとしてではなく、あえておつまみに。
塩味と個性が強いブルーチーズを合わせることで、
ワインに合う味になります。
あえてバナナを凍らせることがこの料理を楽しむ最大のポイント。

# Rule 4

# 根菜はじっくり調理を

## 加熱することで野菜の甘味がアップ

さつまいもや里いも、長いもなどのいも類、にんじんやかぶ、ごぼうにれんこんなどの根菜類たち。水分が少なめで、かたい野菜が多いのですが、加熱することでやわらかくなり、甘味がぐっと増します。

そのため、根菜を調理するにはオーブンで焼く、しっかりソテーする、低温でゆっくり揚げる、じっくり煮込むなど長時間かけて加熱する調理法がおすすめ。

甘味が増すだけでなく、ホクホク感やねっとり感など、食感が出てくるのも根菜ならでは。

根菜の甘味をより引き立てるには、塩味のある食材を掛け合わせて。もちろん塩、黒こしょうのシンプルな味つけも美味。

# にんじんのオーブン焼き ヨーグルトソースがけ

脇役になりがちなにんじんが主役になるひと皿。
見た目はまるでステーキのよう。ハーブの香りが心地よく、
少し個性を出したヨーグルトソースでおいしさ倍増。

### 材料（3～4人分）

にんじん…小8～10本
（中なら3～4本）
ローズマリー…2～3枚
タイム…適量（多めに）
ローリエ…1～2枚
Ⓐ
- すりおろしにんにく…少々
- ヨーグルト…大さじ1
- レモン果汁…小さじ1
- 塩…少々
- 黒こしょう…適量

塩…適量
オリーブ油…適量

### 作り方

1 にんじんは皮ごとよく洗う（中なら縦半分に切る）。オリーブ油を全体にまぶし、塩を振る。

2 天板にクッキングシートを敷き、重ならないようににんじんを並べる。ローズマリー、タイム、ローリエをのせ、180℃に予熱したオーブンの下段で30～40分焼く。間引きにんじんなど、極端に小さく細いにんじんの場合は10～20分が目安（サイズによって加熱時間を調整）。

3 ボウルにⒶの材料をすべて入れ、よく混ぜ合わせてヨーグルトソースを作る。

4 ②が焼けたらハーブごと器に盛り、③のヨーグルトソースをかけたら完成。

### にんじんとヨーグルトの組み合わせは中東料理がヒントに

ヨーグルト×にんにく×塩で作るヨーグルトソースは、中東の料理でよく使われるのですが、それを参考にして作ったレシピです。にんじんは塩とオリーブ油のシンプルな味つけで焼き、ハーブの香りで変化をつけました。

ヨーグルトソースはあっさりしているけれど、にんにくの香りがちょうどいいパンチに。シーザードレッシングに似ているので、ロメインレタスにかけたり、野菜のオーブン焼きなどにも使える万能ソースです。

また、お好みでマヨネーズや、パルミジャーノ・レッジャーノを削ってかけると、コクがのってさらに深い味わいになります。

にんじんは低温で長時間焼くと、ホクホクに焼き上がります。サイズによって焼き時間が変わってくるので調整を。串を刺してみてスーッと通れば焼き上がりのサインです。

# かぶのソテーに生ハムとカーリーケール

かぶの甘味、カーリーケールの苦味、はっさくの酸味と
味わいも色もバラエティ豊かなひと皿です。
かぶはしっかり焼いて甘味をさらに引き出し、
かぶのやさしい味わいに生ハムの塩味を合わせて。

材料（2～3人分）

生ハム…3枚
かぶ…180g（2個）
カーリーケール…1枚
はっさく…適量
塩…適量
黒こしょう…適量
オリーブ油…適量

作り方

1 かぶは皮ごとくし形切りにする。カーリーケールのやわらかい葉の部分は食べやすい大きさにちぎる。かたい葉脈の部分はみじん切りにする。はっさくは皮をむいて実をほぐす。

2 フライパンにオリーブ油を中火で熱し、かぶを並べて塩を振り、焼き目がつくまでじっくり焼く。

3 かぶの両面がよく焼けたら、カーリーケールを加えて火を止め、ふたをして1分ほど蒸す。

4 器に③とちぎった生ハムを盛り、はっさくを散らし、黒こしょうを振ったら完成。

## こんがり焼いたかぶとケールが好対照の味わい

かぶは焼き色をしっかりつけるように加熱すると、甘味が増して一層おいしくなります。焼くとき、フライパンを動かしたり、箸で触りすぎないようにすることがポイント。かぶの断面の縁に焼き色がついたらそっと裏返しましょう。

やわらかくて甘味があるかぶと、しっかりとした苦味のあるカーリーケールは好対照。これに塩味のある生ハムが加わって、味のバランスが整います。ケールの中でも、葉がやわらかく、食べやすいカーリーケールは、サラダとして楽しめるのでおすすめです。

# さつまいもとブルーチーズのオーブン焼き

オーブンでじっくり焼いたさつまいもは、
しっとり仕上がり、甘味もしっかり引き出すことができます。
このレシピには、ねっとりとした食感の品種より、
ホクホクとして、上品な甘味の品種のほうがよく合います。

材料（2～3人分）

さつまいも…180g（1本）
ブルーチーズ…20～30g
むきぐるみ…ひとつかみ
メープルシロップ…大さじ1～
黒こしょう…適量

作り方

1 さつまいもは皮ごとアルミホイルで包み、180℃に予熱したオーブンで60分ほど焼く。

2 焼き上がったら横半分に折り、さらに縦半分に割り、皮が下になるように天板にのせる。

3 ブルーチーズと砕いたくるみをのせ、180℃のオーブンで5～8分焼き、ブルーチーズやくるみが焦げない程度で取り出す。

4 メープルシロップをかけ、黒こしょうを振ったら完成。

## ブルーチーズの塩味が さつまいもの甘さの 引き立て役に

さつまいもはさまざまな種類がありますが、ホクホクとしたタイプで、比較的手に入りやすい「紅あずま」をよく使っています。

甘味が強すぎず、あっさりとした紅あずまは、ブルーチーズの塩味とメープルシロップの甘味がよく合います。

「紅さつま」「鳴門金時（なるときんとき）」「とみつ金時」などもホクホクとしていて、あっさりとした系統なので、お好みで。

ブルーチーズの代わりに少し塩気のあるアイスをトッピングすれば、おやつとしても楽しめます。

# 里いものドフィノワ風

濃厚なクリームがパンにも
肉料理にも合い、
とっても体が温まる料理。
里いものやさしい味わいが
気持ちまで癒やしてくれます。
仕上げは高温で焼き、
焦げ目がしっかりついた
おいしさを楽しみましょう。

材料（3～4人分）

里いも…200g(4個)
にんにく…1片
ピザ用チーズ（グリュイエールチーズ、モッツァレラチーズなど）…適量
牛乳…150cc
生クリーム…100cc
ナツメグパウダー…少々
塩…適量
白こしょう…適量

作り方

1 里いもは皮をむき、5mm幅に切る。にんにくは包丁の腹でつぶす。

2 フライパンにピザ用チーズ以外の材料をすべて入れて中火にかける。沸々としてきたら弱火に落とし、とろんと濃厚なクリーム状になるまで30分ほど煮込む。汁気がなくなってきたら牛乳適量(分量外)を足す。

3 グラタン皿に里いもが崩れないように盛り、ピザ用チーズをのせ、220°Cに予熱したオーブンで8～10分ほど焼いたら完成。

## 里いもを牛乳で煮込んだクリーミーなひと皿

フランス南部のドフィネ地方の郷土料理で、本場はじゃがいもと乳製品を使ったグラタン。これを里いもでアレンジしました。本来は肉料理の付け合わせで出てくる料理ですが、そのまま食べても、パンにつけてもおいしくいただけます。

里いもを加熱するとき、あまり触らずにごろっとした里いもの原形を残すと、食べごたえのある一品に。フライパンで里いもを煮込むのが面倒なら、工程2でグラタン皿に入れ、150°Cに余熱したオーブンで50分ほど焼き、その後チーズをのせて高温で焼いてもOK。

# 長いものローズマリーフライ

じゃがいものフライは定番中の定番だけど、長いもで作ってもおいしい。
長いも特有の香りにホクホクとした食感と、
ほんのり香るローズマリーとガーリックの風味がたまりません。

材料（3～4人分）

長いも…300g（1/2本）
にんにく…4片
ローズマリー…2枝
片栗粉…適量
塩…適量
黒こしょう…適量
揚げ油…適量

作り方

1 長いもは皮ごと5cm長さの太めの拍子木切りにし、片栗粉を全体にまぶす。

2 鍋に①と皮つきのままのにんにく、ローズマリーを入れ、具材の頭が少し出るくらいまで揚げ油を注ぐ。

3 強火にかけ、油の温度が110～120°Cくらいになったら中～弱火に落として温度をキープし、20分ほどじっくりと揚げる。

4 油の温度を180°Cに上げながら5～10分、きつね色になるまで揚げたら油を切る。

5 器に④を盛り、塩、黒こしょうを振ったら完成。

## 長いもは皮つきのまま風味よく低温で揚げてホクホク感を

長いもは皮つきのまま使って風味よく仕上げます。そのため、皮はむかずによく洗ってください。ひげは包丁の刃先でささっと取る程度でOKです。

揚げるときは、具材を入れた鍋に油を注ぎ入れてから火にかけ、低温でじっくり揚げるのがポイント。外はカリッと、中はホクホクとした仕上がりになります。

丸ごと揚げたにんにくは、油に香りをつけるだけでなく、にんにく自体もねっとりホクホクに揚がるのでぜひ長いもと一緒に。子どもも大好きなフライです。

# じゃがいもとタコのガリシア風

手軽でシンプルなスペイン料理としてお気に入りの料理のひとつ。
パプリカパウダーとスモークパプリカパウダーの2種類を使った
スモーキーなタパスは、おつまみに最適です。

材料（2～3人分）

ゆでタコ…100g
じゃがいも（メークインなど）…200g（2個）
パプリカパウダー…適量
スモークパプリカパウダー…適量（なくてもOK）
塩…適量
黒こしょう…適量
オリーブ油…適量

作り方

1 タコは食べやすい大きさに切る。じゃがいもは皮をむく。

2 鍋に水1ℓ（分量外）、塩大さじ1（分量外）、じゃがいもを入れて強火にかけ、沸いたら中～弱火に落とし、煮崩れないようにじっくり20～30分ゆでる。

3 じゃがいもに串を刺し、スーッと通るようになったら、タコを加える。30秒ほどゆで、ザルに上げて湯を切る。

4 じゃがいもを厚めにスライスし、器に盛る。その上にタコをのせ、塩、黒こしょう、パプリカパウダー、スモークパプリカパウダー、オリーブ油をかけたら完成。

## 燻製香をきかせたタパスは自宅にいながらバル気分に

スペインバルではおなじみの料理。ゆでたタコとじゃがいもに、オリーブ油とパプリカパウダーをかけたシンプルな一品。ピックで刺していただくのでじゃがいもは煮崩れないメークインがいいと思います。ぷりっとしたゆでタコと、しっとりとしたじゃがいもの相性は抜群。

この料理のこだわりは、スモークしたパプリカのパウダーを使っていること。スモーキーな香りが食欲をそそり、ごちそう感を演出してくれます。スモークパプリカパウダーは肉魚料理にも使えるので、ひとつ持っておくと料理の幅が広がります。

# 根菜とレンズ豆のスパイスベジカレー

キューブ状の具がごろごろと入り、スパイスの香り豊かなカレー。
気分に合わせて、そのままお酒といただくのもいいし、
ごはんやパンに合わせるのもおすすめ。

## あっさりしていながらも スパイスがきいた 具だくさんカレー

ごろごろと根菜が入った具だくさんのカレー。辛味はないので、子どもでも、辛いものが苦手な方でもおいしく召し上がっていただけます。辛さが欲しい場合はチリパウダーや唐辛子で調整を。

小麦粉不使用で油脂分も少なめなあっさりカレーなので、パンにもごはんにも合います。

豆はレンズ豆がおすすめ。ひと晩浸水させる必要もなく、一緒に煮込めばやわらかくなるので、手間が省けます。

### 材料（3～4人分）

レンズ豆（乾燥）…1/2カップ
玉ねぎ…100g（1/2個）
にんじん…75g（1/2本）
ごぼう…100g（1/2本）
かぶ…180g（2個）
れんこん…2cm
すりおろしにんにく…小さじ1/2
すりおろししょうが…小さじ1/2
濃縮トマトペースト…10g
はちみつ…大さじ1/2
クミンシード…小さじ2
Ⓐ
クミンパウダー…小さじ1
コリアンダーパウダー…小さじ1
パプリカパウダー…小さじ1
ターメリックパウダー…小さじ1/2
塩…適量
サラダ油…大さじ2
水…600cc

### 作り方

1 玉ねぎは薄切りに、にんじん、ごぼう、かぶ、れんこんは角切りにする。ごぼうとれんこんは酢水にさらす。

2 フライパンにサラダ油とクミンシードを入れて中火で熱し、クミンの香りが立つまで炒める。にんにくとしょうがを加え、焦がさないようにさっと炒める。

3 玉ねぎを加えて炒め、少し茶色くなったら残りの野菜、レンズ豆、トマトペースト、はちみつ、Ⓐ、塩少々を加えてさっと炒める。

4 スパイスがなじんだら水を加えて弱火にし、ふたをして40分ほどじっくり煮込む。塩少々で味を調えたら完成。

# ごぼうのポタージュ

栄養たっぷり、お腹も心も満たされるポタージュスープ。
我が家では牛乳と生クリームを半々に入れ、
しっかりとコクも感じられるひと皿に。

## 口当たりなめらかな上品なスープに

子どもも大好きな、まろやかなごぼうの風味がきいたやさしいポタージュです。

ごぼうをじっくり煮込んでいるので、くせもえぐみもなく、玉ねぎの甘味がおいしさをさらにひと押し。

我が家ではいつも多めに作り、パンを添えて朝食にしたり、パスタソースにしたり。

あっさりとしたスープにしたければ、生クリームを少なめに、牛乳を多めに。コクが欲しければ、生クリーム多めでリッチ感を。

千切りにしたごぼうをトースターでローストし、仕上げにスープにのせれば、ふわっとした香ばしさがアクセントになります。仕上げに生クリームを少量かけ、イタリアンパセリを添えればレストラン仕様に。

### 材料（3～4人分）

ごぼう…100g（1/2本）
玉ねぎ…100g（1/2個）
じゃがいも…50g（1/2個）
ローリエ…1枚
バター…10g
牛乳…100cc
生クリーム…100cc
野菜ブイヨンスープ…200cc
塩…適量
黒こしょう…適量

### 作り方

1 ごぼうはたわしで表面の泥を落とし、皮ごと薄切りにして酢水にさらす。

2 玉ねぎは薄切りに、じゃがいもは皮をむいて乱切りにする。

3 鍋にバターを入れて弱火で温め、①と②をさっと炒める。

4 具材全体にバターが回ったら野菜ブイヨンスープとローリエを加え、ふたをして中火にかける。ひと煮立ちさせたら弱火に落とし、20～30分煮込んだら火を止める。

5 粗熱がとれたらローリエを取り除き、ミキサーでなめらかになるまで撹拌（かくはん）する。

6 ⑤を鍋に戻し入れ、牛乳と生クリームを加え、弱火で温めながら塩で味を調える。

7 器に盛り、黒こしょうを振ったら完成。

# れんこんのパリパリチーズ焼き

カリッと軽い食感がまるでスナック菓子のよう。
チーズの塩味と風味がなんとも言えないやみつきのおいしさ。
どんなお酒とも相性がいい万能なアテです。

材料（2人分）

れんこん…60g
ピザ用チーズ…60g
粉山椒…適量
七味唐辛子…適量

作り方

1 れんこんはスライサーなどで薄切りにし、酢水にさらす。水気を切ったらキッチンペーパーではさみ、水気をよく拭き取る。

2 フライパンにピザ用チーズを全体に広げ、粉山椒と七味唐辛子各少々を振り、①のれんこんを並べ入れて弱火でじっくり焼く。

3 チーズがとろけて焼き目がついたら裏返し、れんこんにも焼き目をつける。

4 アミの上に③をのせ、粉山椒と七味唐辛子各少々を振る。粗熱がとれたら食べやすい大きさに切っていただく。

## チーズとれんこんの掛け算は鉄板のおいしさ

れんこんの風味、パリッと焼いたチーズの香ばしさ、山椒のピリッとさわやかな香りの組み合わせは、どんなお酒にも合います。

ポイントはチーズをほどよく焦がし、カリッと焼くこと。直径24cmのフッ素樹脂加工のフライパンを使うと、くっつかずにきれいに焼き上がります。裏返すタイミングは、チーズに焼き色がついてカリッとした感じになってから。

粉山椒と七味唐辛子を抜きにして、子どものおやつにするのもおすすめです。

# Rule 5

## チーズで塩気とうま味をのせる

### 塩気もうま味もプラスする魔法の食材

食材にのせて焼く、散らす、和えるなど、さまざまな形で野菜料理にチーズを使っています。塩味の役割もあるのがチーズですが、うま味もあるので、塩だけを使うより料理に深みが出て、ぐっとおいしくなります。

チーズはハードタイプやフレッシュタイプなどさまざまで、ハードタイプは熟成期間が長いものが多いため、うま味が強いのが特徴。一方、フレッシュタイプのチーズはほどよい酸味とクリーミーさが魅力のひとつです。どのように料理を仕上げたいかによって、チーズを選択。

いずれにしても塩味とうま味をのせてくれるので、合わせる野菜の調理をシンプルにすると、おいしさの相乗効果が生まれます。

# スティックセニョールと
# パルミジャーノ・レッジャーノ

さっと塩ゆでした野菜にレモンの風味をきかせたシンプルなサラダ。
スティックセニョールとは、スティックタイプのブロッコリーのこと。
うま味が凝縮されたパルミジャーノ・レッジャーノで素材のおいしさを堪能。

材料（2人分）

スティックセニョール…15本
いんげん…6本
レモン…50g（1/2個）
パルミジャーノ・レッジャーノ…適量
塩…少々
黒こしょう…適量
オリーブ油…大さじ1

作り方

1 鍋に水1ℓ（分量外）と塩小さじ2（分量外）を入れて火にかけ、沸いたらスティックセニョールといんげんを2分ほどゆでる。

2 ボウルに氷水を張り、①を入れて10秒ほど冷やしたら、ザルに上げて水気を切る。いんげんは食べやすい長さに切る。

3 器に②を盛り、レモンを搾り、オリーブ油をかける。

4 パルミジャーノ・レッジャーノをスライサーで削ってかけ、塩、黒こしょうを振ったら完成。

## シンプルなゆで野菜に
## チーズのうま味を
## 調味料代わりに

パルミジャーノ・レッジャーノは「イタリアチーズの王様」と呼ばれる、ハードタイプのチーズ。
熟成される過程で白いアミノ酸（うま味成分）が結晶化され、ところどころにジャリッとした食感があり、濃縮されたうま味が口いっぱいに広がります。
塩味もしっかりあるので、スライサーで削ってゆで野菜にかければ、調味料なしでじゅうぶんおいしい一品に。大きめにスライスすると、それだけをつまんでおつまみとしてもいただけます。
「スティックセニョール」はブロッコリーが品種改良されたもので、スティックタイプのブロッコリーのこと。手に入らなければ、ブロッコリーを細長くカットして代用してください。

# グリーントマトのカプレーゼ

グリーンと白のさわやかな色でまとめ、
三日月風に盛りつけたカプレーゼ。
スライスしたトマトではなく、あえて小粒のトマトを使うことで
見た目もころころとかわいく、つまみやすいおつまみにも。

材料（2人分）

ミニトマト（グリーン）…10個
セルフィーユ…適量
モッツァレラチーズ（小粒タイプ）…100g
むきぐるみ（砕いたもの）…大さじ1/2
塩…少々
黒こしょう…適量
オリーブ油…大さじ1/2

作り方

1. ミニトマトは半量を2等分に、半量を4等分に切る。
2. フライパンでくるみを乾煎りする。
3. 器にモッツァレラチーズと①を盛り、塩、黒こしょう、オリーブ油をかける。
4. くるみを散らし、セルフィーユをトッピングしたら完成。

## グリーントマトに<br>ハーブとチーズを合わせ<br>彩りを楽しむひと皿

コクがあってまったりと、ミルク感はあるけれどくせがないモッツァレラチーズは、フルーツトマトのように糖度の高いものより、少し酸味のあるトマトと合わせるのが好みです。そして彩りを楽しむために、あえてグリーン一色で統一。黄色のトマトならさっとゆでた食用菊を、橙（だいだい）色のトマトならオレンジを合わせるなど、ワントーンでそろえると映えます。

また、トマトの切り方にもひと工夫。2等分、4等分とランダムに切ることで、盛りつけたときに動きと立体感が出ます。

材料（2 人分）

いちご…10粒
イタリアンパセリ…1枝
ローズマリー…1枝
ブッラータチーズ…1個
むきぐるみ(砕いたもの)…大さじ1/2
塩…少々
黒こしょう…適量
オリーブ油…適量

作り方

1 いちごはヘタを取り、4等分に切る。イタリアンパセリとローズマリーは適当な長さに切る。

2 フライパンでくるみを乾煎りする。

3 ボウルに①、塩、オリーブ油大さじ1を入れ、いちごを崩さないように軽く和える。

4 器にブッラータチーズと③を盛り、くるみを散らす。オリーブ油適量を回しかけ、黒こしょうを振ったら完成。

## フルーツと相性がいい ブッラータで豪華な一品を

モッツァレラチーズを巾着状にし、中に細かく切ったモッツァレラチーズと生クリームを入れたブッラータチーズ。切ったときに流れ出てくるチーズと生クリームがとろんとしていて濃厚でおいしく、フルーツの甘酸っぱさととても合います。

個人的にもとても好みのチーズで、我が家では登場回数も多め。いちじく、トマト、ぶどう、柿など季節のフルーツと合わせればあっという間にごちそうに。イタリアンパセリやローズマリーは風味だけでなく、色味を加える意味でも重要な役割です。

# いちごとブッラータ

ミルキーなブッラータチーズは
旬のフルーツと合わせるだけで贅沢な一品に。
チーズを切ったときに、
とろ〜っと流れ出るクリームに食欲をそそられます。
チーズといちごを絡めて召し上がってください。

# 夏野菜のカポナータとカマンベール

夏野菜がごろごろ入ったカポナータは、しっかり煮込んで冷やすと味がなじみます。
少し多めに作って作り置きしておくのにもってこいです。
パスタと合わせたり、パンにのせたりと食べ方のバリエーションも豊富。

材料（3～4人分）

なす…160g（2本）
ズッキーニ…150g（1本）
パプリカ…1個
チャービル…適量
Ⓐ
- 玉ねぎ…100g（1/2個）
- セロリ…50g（1/2本）
- にんにく…1片
- ケイパー（塩漬け）…10粒
- トマトピューレ…200cc
- 赤ワインビネガー…大さじ2
- 砂糖…大さじ1
- オリーブ油…大さじ2
- 水…100cc

カマンベールチーズ…1個
塩…適量
オリーブ油…適量
揚げ油…適量

作り方

1 Ⓐでトマトソースを作る。玉ねぎとセロリはみじん切りに、にんにくは包丁の腹でつぶす。ケイパーは水でさっと洗う。

2 鍋にオリーブ油とにんにくを入れて中火にかけ、香りが立ったら玉ねぎとセロリを加えてしっかり炒める。

3 玉ねぎが少ししんなりしたら、Ⓐの残りの材料をすべて加えてふたをし、沸々としてきたら弱火に落として20分ほど煮る。全体がとろっとしてきたら火を止める。

4 なす、ズッキーニ、パプリカは乱切りにする。なすは塩少々を振り、2～3分置く。アクが出たら塩を洗い流し、水気を拭き取る。

5 170℃の揚げ油で④の野菜を素揚げする。油を切ったら③のトマトソースに加え、塩少々で味を調える。さっと混ぜ合わせたら粗熱をとる。

6 保存容器に⑤を入れ、冷蔵庫でよく冷やす。

7 カマンベールチーズを常温に戻し、8等分に切る。

8 器に⑥のカポナータと⑦を盛る。カマンベールチーズにオリーブ油をかけ、チャービルを散らしたら完成。

## おいしいチーズと一緒に夏野菜がたっぷり味わえる

なす、トマト、セロリなどを煮込んだイタリア発祥のカポナータは、煮詰めて濃厚な味わいにして冷やしていただきます。

赤ワインビネガー、トマトピューレ、砂糖を煮込んだ、甘酸っぱい濃厚なトマトソースが特徴。ケイパーの独特な風味がトマトソースのアクセントになっています。

濃厚でクリーミーでくせが強すぎず、穏やかな風味のあるカマンベールチーズを添えて一緒にいただきます。パンを添えていただくと、軽いランチにもなります。

# トマトとクリームチーズ

まったりとしたクリームチーズに、ディルのさわやかな香り。
真っ赤なトマトにチーズの白、ディルのグリーンの
色のコントラストがさらに食欲を駆り立ててくれます。

材料（2人分）

トマト…150g（1個）
ディル…1枝
クリームチーズ…40g
はちみつ…小さじ1
塩…少々
黒こしょう…適量
オリーブ油…小さじ1

作り方

1 トマトとクリームチーズはひと口大に切る。

2 ボウルに①、ちぎったディル、はちみつ、塩、オリーブ油を入れてさっと和える。

3 器に②を盛り、黒こしょうを振ったら完成。

## クリームチーズを洋風の白和え感覚でサラダ仕立てに

チーズケーキの材料としてもおなじみのクリームチーズ。なめらかな舌ざわりで、塩気が少なく甘味があります。

トマトと合わせるクリームチーズは和え衣として、洋風の白和えのようなイメージで作りました。ディルを加えると、さわやかな仕上がりになります。はちみつを加えたので甘味とコクが増し、さらにおいしく、満足感が得られます。

# しいたけのブルーチーズ焼き

焼きしいたけのうま味と香ばしさが、
個性の強いブルーチーズとよく合います。
しいたけのかさの裏側にブルーチーズをのせて焼くだけの、
簡単でお手軽なレシピ。
ジューシーな逸品で、ビールとの相性も最高です。

材料（2人分）

生しいたけ…6個
にんにく…1/2片
イタリアンパセリ…適量
ブルーチーズ…25g
パン粉…大さじ2
オリーブ油…大さじ1

作り方

1 しいたけは軸を切り落とす。にんにくはみじん切りにする。

2 しいたけを裏返し、ブルーチーズ、にんにく、パン粉を1/6量ずつのせ、オリーブ油を回しかける。

3 天板に②をのせ、200℃に予熱したオーブンの上段で10分ほど焼く。

4 器に③をのせ、イタリアンパセリを添えたら完成。

## しいたけ×ブルーチーズ、強い個性の相乗効果

風味が独特で強い塩味、個性的な味わいの青カビタイプのブルーチーズ。好みは分かれますが、うま味成分がたっぷり含まれたジューシーなしいたけとの組み合わせは抜群です。

焼き立てはもちろん、冷めてもおいしく、パン粉のカリカリ感も美味。イタリアンパセリのさわやかな芳香（ほうこう）が、ブルーチーズの強い風味ともマッチします。

スパークリングワインを合わせて、晩酌のスタートのおつまみに。

# カーリーケールとミント、フェタチーズのタブレ

ミントとレモンのすっきりとしたさわやかさ、引き立つフェタチーズの塩味。
クスクスのプチプチ感に、カーリーケールのシャクッとした食感など、
歯ざわりも楽しめるさっぱりとしたサラダです。

### 材料（2人分）

カーリーケール…1/2枚
きゅうり…50g（1/2本）
レモン…25g（1/4個）
ミント…1/2パック
フェタチーズ…30g
Ⓐ
- クスクス…大さじ2
- 塩…少々
- オリーブ油…小さじ1
- 湯…大さじ2

塩…適量
黒こしょう…適量
オリーブ油…大さじ1〜2

### 作り方

1. 耐熱ボウルにⒶの湯以外の材料をすべて入れて混ぜる。さらに湯を加えて混ぜ、ラップをかけて10分ほど蒸らす。蒸らしたら、さっとほぐして粗熱をとる。
2. カーリーケール、きゅうり、ミントはみじん切りにする。
3. ①に②、塩少々、黒こしょう、オリーブ油を入れ、レモンを搾る。レモンの皮をレモンゼスターなどで削り入れ、全体をよく混ぜ合わせる（レモンゼスターがない場合は、包丁でレモンの皮の表面を薄く切り、みじん切りに。白いワタの部分が入ると苦くなりやすいので注意）。
4. 塩少々で味を調えたらフェタチーズを手で崩しながら加え、さっと和える。
5. 器に④を盛り、搾ったレモンを添えたら完成。

### 栄養たっぷりの食感が楽しいサラダ

ほろ苦いカーリーケールとみずみずしいきゅうり、さわやかな香りのミント、そしてタブレに個性を加えてくれるフェタチーズで作った一品。

羊とヤギの乳から作られるフェタチーズは、食塩水の中で熟成させるため塩味が強く、少しの酸味とヤギのミルク特有の独特な香りがあります。この塩味を、クスクスに野菜やハーブを混ぜた「タブレ」に合わせます。

カーリーケールは栄養価も高いうえ、シャクシャクとした食感もこのサラダの魅力のひとつ。

# ビーツとカッテージチーズの赤いサラダ

華やかでインパクトのある赤いサラダは、
ビーツを中心に赤大根、ザクロと同系色の食材を使い、
カッテージチーズの白を加えたグラデーションサラダです。

材料（2人分）

ビーツのマリネ（P.16参照）…100g
赤大根…1/4本
ざくろの実…適量
ディル…1枝
カッテージチーズ…30g
塩…適量

作り方

1 赤大根は薄い半月切りにし、塩を振ってもみ込む。

2 ボウルにビーツのマリネ、①、ざくろの実、カッテージチーズを入れ、さっと和える。

3 器に②を盛り、ちぎったディルを散らしたら完成。

## 甘酸っぱいサラダに
## さわやかなディルを
## アクセントに

野菜を同系色のワントーンでそろえると、洗練されたまとまりのあるひと皿になります。

ここでは、赤系統の野菜でまとめ、白のカッテージチーズを合わせました。カッテージチーズを加えたら和えすぎないようにし、ほんのりピンクのグラデーションに。

ざくろの実の酸味とプチプチ感がおいしいのでぜひ使ってほしいのですが、手に入らなければ、ミニトマトで代用してもおいしく仕上がります。

カッテージチーズは少し酸味があるもののくせがないので、マリネなどさっぱりとした味つけの料理に合わせると、さわやかな前菜になります。冷えたスパークリングワインや白ワインと合わせてみてください。

# グリーンピースとペコリーノ・ロマーノ

グリーンピースの旬は4〜6月。この時季に、
フレッシュなものを手に入れて味わいたいサラダのひとつ。
シンプルに塩ゆでしたグリーンピースにチーズを合わせれば、
素材のおいしさが際立ちます。

材料（2人分）

グリーンピース（さやなし）…100g
ペコリーノ・ロマーノ…適量
塩…小さじ1
黒こしょう…適量
オリーブ油…大さじ1

作り方

1 ボウルにグリーンピースと塩を入れ、塩を全体にまぶす。

2 鍋に湯適量（分量外）を沸かし、①を3分ほどゆでる。火を止めて粗熱をとり、ザルに上げて水気を切る。

3 器に②を盛り、オリーブ油を回しかける。ペコリーノ・ロマーノをピーラーで削ってかけ、黒こしょうを振ったら完成。

## グリーンピースの風味豊かな味わいにチーズをトッピング

旬のグリーンピースは甘味がしっかりとあって、風味も強く、シンプルな味つけでもとてもおいしくいただけます。

塩味のやや強めなペコリーノ・ロマーノをグリーンピースに合わせると、甘味や風味が引き立ち、酒のアテとしても絶妙。

チーズを粗めに削ってかければ、それだけをつまんでも、グリーンピースと一緒にいただいても美味。両方の食べ方を楽しめます。

# Rule 6

## 香草やハーブ、薬味を主役に

### 香りも調味料で味わいのひとつ

パクチーやセロリ、クレソンなどの香味野菜、ディルやパセリ、バジル、ミントなどのハーブ類、みょうが、ねぎ、にんにく、しょうがなどの薬味は独特の香りがあり、その香り自体が調味料のひとつ。

野菜や肉魚料理に少し足すだけでも豊かな個性を発揮し、料理を味わい深くしてくれます。個性が豊かなだけに、強めの調味料にもなるし、風味をさりげなく漂わせることもできます。

パクチーは個性強めに、しょうがはさっぱりと、ミントはさわやかに、バジルはほのかな苦味と甘味、ディルは柑橘に似たさわやかさとほろ苦さなど、味わいの幅を一気に広げてくれます。

# 香味野菜とローストビーフのエスニックサラダ

ローストビーフが入っていながらも、主役はパクチーとセロリ。
清涼感のあるパクチーとセロリでお肉をくるんで食べるイメージです。
アーモンドの香ばしさが、香味野菜とローストビーフのおいしさの引き立て役に。

材料（2人分）

ローストビーフ…150g
パクチー…2株
セロリ…50g（1/2本）
Ⓐ
- すりおろしにんにく…少々
- ナンプラー…小さじ1
- しょうゆ…小さじ1
- 米酢…小さじ1
- きび砂糖…小さじ1
- 一味唐辛子…少々
- ごま油…大さじ1

アーモンド（砕いたもの）…大さじ1

作り方

1 ローストビーフは薄い削ぎ切りに、セロリは薄切りにする。パクチーは3cm長さに切る。

2 ボウルにⒶの材料をすべて入れ、泡立て器でよく混ぜて乳化させ、ドレッシングを作る。

3 別のボウルに①を入れ、②のドレッシングをボウルの縁から回し入れ、ボウルの底から手でふわっとドレッシングをまとわせるように混ぜる。

4 器に③を盛り、アーモンドをトッピングしたら完成。

## 和風に近い エスニック風の さわやかなサラダ

ローストビーフを使っているのに、肉々しいサラダにならないのは、パクチーとセロリの香味野菜特有の清涼感のおかげ。ドレッシングに使う酢は、米酢を使っているので酸味がやさしく、甘じょっぱく、和風に近いエスニック風味に仕上げました。

ローストビーフは簡単なので、ぜひ作ってみてください。ここでは、しっとりミディアムに仕上げるローストビーフの作り方を紹介します。

牛もも肉（500g）を冷蔵庫から出し、常温に戻しておきます。塩（小さじ1）を全体にもみ込んだら、中火で熱したフライパンで牛肉を焼きます。表面全体に焼き色がついたら天板にのせ、100°Cに予熱したオーブンで40分ほど焼きます。取り出したらアルミホイルで包み、そのまま20分ほど予熱で火を通したら完成です。

# コリアンダーシードを楽しむ鶏ひき肉の大葉包み焼き

見た目はひき肉の大葉巻きですが、ひと口食べると想像外。
大葉の香りもさることながら、コリアンダーシードを噛むと
ぱっと口に広がる清涼感がとても印象的です。

材料（2～3人分）

大葉…8枚

Ⓐ
- 鶏ひき肉…250g
- 大葉…6枚
- すりおろししょうが…小さじ1
- 卵黄…1個分
- 片栗粉…大さじ1
- きび砂糖…小さじ1
- コリアンダーパウダー…小さじ1
- 塩…小さじ1/3
- 黒こしょう…適量

Ⓑ
- ディジョンマスタード…小さじ1
- はちみつ…大さじ2
- コリアンダーシード…小さじ1

オリーブ油…適量

作り方

1. Ⓑで合わせ調味料を作る。フライパンでコリアンダーシードを乾煎りする。粗熱をとり、粗く砕いたら（ビニール袋に入れて麺棒などで叩くとやりやすい）、ボウルにⒷの材料をすべて入れて混ぜ合わせる。
2. Ⓐで肉だねを作る。大葉はみじん切りにする。ボウルにⒶの材料をすべて入れ、混ぜ合わせたら8等分にする。
3. 肉だねを大葉にひとつずつのせ、二つ折りにして包む。
4. フライパンにオリーブ油を中火で熱し、③を並べる。弱火に落とし、ふたをして5分ほど蒸し焼きにする。
5. ひっくり返したらふたを取って2分ほど焼き、①の合わせ調味料を加える。全体によく絡ませたら完成。

## まったりとしたコクのソースとさわやかな風味をひと皿に

鶏ひき肉の大葉包み焼きはポピュラーな料理なので、作ったことがある方も多いと思います。そんな定番料理を少しのアイデアとスパイスで一転。ひと口食べると、コリアンダーシードのさわやかな香りが口に広がるのがこの料理の特徴です。

大葉とコリアンダーのさわやかコンビに、はちみつとディジョンマスタードでコクを加えて贅沢な味わいに。

工程1でコリアンダーシードを砕いて使っているのですが、どんなスパイスもホールやシードで常備しておくことをおすすめします。使用する際に、その都度砕いて使うほうが風味がより強く、香りも楽しめます。

おかずやおつまみとしていただくのもおいしいのですが、コッペパンやロールパンにサンドしたり、キャロットラペと一緒にバゲットにはさむなど応用はいろいろ。アレンジを楽しんでみてください。

# たっぷりのハーブ香る マダイのカルパッチョ

いろんな香りのハーブを組み合わせ、
マダイが半分隠れるほどトッピングして、香りごといただきます。
お皿の中にハーブのグリーンがいっぱいの、
香り豊かな、見た目にも美しいカルパッチョです。

### 材料（2人分）

マダイ（刺身用）…100g
ディル…適量
チャービル…適量
イタリアンパセリ…適量
白ワインビネガー…小さじ2
塩…小さじ1/3〜1/2
ピンクペッパー…適量
オリーブ油…小さじ2

### 作り方

1 マダイは薄切りにする。ディル、チャービル、イタリアンパセリは粗く刻む。

2 器にマダイを重ならないように盛り、塩を全体に振る。白ワインビネガーをまんべんなく振りかけ、全体を手で軽く押さえてなじませる。

3 オリーブ油を回しかけ、ディル、チャービル、イタリアンパセリを盛り、ピンクペッパーをトッピングしたら完成。

### ハーブの香りがおいしい さわやかなカルパッチョ

我が家の晩酌で登場率の高い、マダイのカルパッチョ。たっぷりのハーブの香りでいただくのが好みです。マダイの他、タコやブリなどのお刺身にもよく合います。

ハーブは個性的な香りのディルはぜひ使いたいところ。ザクザク刻み、茎はかたければ葉の部分だけを使いましょう。イタリアンパセリも同量使い、さわやかさをプラス。お好みのハーブでカルパッチョをアレンジしてみてください。

# 漬けカツオとクレソン

肉料理の付け合わせと思われがちなクレソンですが、そのおいしさを存分に味わえる料理です。
少し辛味がきいたクレソンに、味がしっかりしたカツオはよく合います。

材料（2～3人分）

カツオ（刺身用）…150g
クレソン…適量
にんにく…1片
Ⓐ
- 白すりごま…小さじ1
- しょうゆ…小さじ2
- バルサミコ酢…小さじ1
- きび砂糖…小さじ1
- わさび…小さじ1/2～お好みで

オリーブ油…大さじ2

作り方

1 にんにくは薄切りにし、フライパンにオリーブ油と一緒に入れ、中火にかける。油面が沸々としてきたら弱火にし、香りが立ってきたら火を止め、粗熱をとる。

2 カツオは1.5cm角に、クレソンは3cm長さに切る。

3 ボウルに①と合わせたⒶを入れてよく混ぜ合わせる。

4 カツオを③に加えて軽く混ぜ合わせたら、冷蔵庫で30分ほど浸ける。

5 味がなじんだらクレソンを加えて和え、器に盛る。

## うま味が強いカツオと並んでも主役級のクレソン料理

辛味がきいていて茎がシャキッとした食感のクレソンには、主役級のおいしさがあります。

普段は付け合わせになりがちなクレソンをメインに食べたくて、このレシピを考えてみました。

存在感のあるクレソンは、しっかりとした味わいのある脂ののったカツオとの相性が抜群。カツオにはにんにくをきかせ、その薬味としてクレソンを合わせます。

カツオ以外にも、マグロやタコ、サーモンなどと合わせてもおいしいと思います。

# サーモンとパクチーのしょっつる和え

サーモンとパクチーの組み合わせなら、やっぱりエスニック調に仕上げたい。
しょうゆもいいけど、魚醤(ぎょしょう)を使うと個性が光るひと皿に。
ちょっとくせがありますが、それがおいしさをランクアップさせてくれます。

材料（2～3人分）

サーモン（刺身用）…150g
パクチー…2株
Ⓐ
白すりごま…小さじ1
しょっつる…小さじ1
レモン果汁…小さじ1/2
黒こしょう…適量
ごま油…大さじ1/2

作り方

1 サーモンは薄切りにする。パクチーは葉、根、茎に分け、根と茎はみじん切りにする。

2 ボウルにⒶの材料をすべて入れ、よく混ぜ合わせてドレッシングを作る。

3 サーモンとパクチーを②のドレッシングに加え、さっと和えたら器に盛る。

## 和の香り漂う エスニック風味の 和え物が完成

サーモンとパクチーの組み合わせにはナンプラーをよく使うのですが、たまたま切らしていたので秋田の伝統的な発酵調味料の「しょっつる」で代用してみました。しょっつるは和の香りがきいた魚醤で少しくせがあるのですが、強い香りのパクチーとの相性は抜群。前菜としてはもちろん、白ごはんにもよく合います。

パクチー以外にも、水菜などのさっぱりとした葉野菜でも代用できます。

ナンプラーも同じ魚醤なので、パクチーサラダやガパオなどタイ料理にしょっつるを代用すると、和の風味がきいた味わいに仕上がります。

# バジルパン粉とアジのグリル

香りよく焼いたアジにこんがり焦がしたパン粉を振り、風味よくいただきます。
フレッシュなバジルを最後に散らすと、ふわっと立つ香りがなんとも言えません。
サラダ感覚でオニオンスライスと一緒にどうぞ。

### 材料（2人分）

アジ（3枚おろし）…2尾分
紫玉ねぎ…100g（1/2個）
バジル…4枝
松の実…大さじ1
パン粉…大さじ2
塩…適量
オリーブ油…適量

### 作り方

1. 紫玉ねぎは薄切りにし、器に盛る。バジルはみじん切りにする。
2. アジに塩を強めに振って魚焼きグリルで焼き、こんがり焼けたら紫玉ねぎの上に盛る。
3. 小さめのフライパンに松の実、パン粉、オリーブ油小さじ1を入れて中火にかける。パン粉がカリッとするまで炒めたら、②のアジの上にたっぷりかける。
4. バジルをトッピングし、オリーブ油少々を全体にさっと回しかけたら完成。

### バジル香るサラダ感覚で香ばしいアジをいただく

アジを魚焼きグリルで焼き、ザクザク仕上げたパン粉と一緒にいただくボリュームのあるひと皿。オニオンスライスの上にのせて、脂ののったアジもさっぱりと。

みじん切りにしたバジルを最後にかけると、ほんのり甘く清涼感のある香りが余熱で立ち、食欲がそそられます。

いただくときは、アジの身をほぐしながら、下に敷いたシャキシャキの紫玉ねぎと一緒に、サラダ感覚で。

# ハーブと葉野菜のサラダ

たっぷりのハーブと葉野菜を、しょうがとメープルシロップを使った
さわやかな香りの甘酸っぱいドレッシングでいただきます。
シンプルながら、お好みのハーブの香りや風味を堪能できます。

## ハーブと葉物野菜をたっぷり食べられるサラダ

葉物野菜をたっぷり食べたかったときに思いついたサラダ。冷蔵庫にあったハーブ類に、ベビーリーフミックスなどの葉物野菜でボリュームを出しました。

ドレッシングはしょうがベースに、少しナンプラーのくせを感じるさわやかさ。トッピングのカッテージチーズもさっぱり。晩酌のスターターにも、箸休めにもぴったりなサラダです。

さらにボリュームを出したいときは水菜を足したり、エスニックな風味を足したいときはパクチーを加えるなど、アレンジを楽しんでみてください。

### 材料（2人分）

お好みのハーブ・葉物野菜…適量
（写真はチャービル、イタリアンパセリ、ベビーリーフ）

Ⓐ
- すりおろししょうが…小さじ1
- ナンプラー…小さじ1/2
- 白ワインビネガー…大さじ1
- メープルシロップ…小さじ1
- 塩…少々
- 黒こしょう…適量
- ごま油…小さじ1
- 菜種油…小さじ2

カッテージチーズ…20〜30g
アーモンド（砕いたもの）…大さじ1〜2

### 作り方

1. ボウルにⒶの材料をすべて入れ、泡立て器でよく混ぜて乳化させ、しょうがドレッシングを作る。
2. ハーブや葉物野菜を氷水にさらし、シャキッとさせたらサラダスピナーなどで水気を切る。
3. ボウルに②の野菜を入れ、①のしょうがドレッシングをボウルの縁から回し入れ、ボウルの底から手でふわっとドレッシングをまとわせるように混ぜる。
4. 器に盛り、ほぐしたカッテージチーズとアーモンドをトッピングしたら完成。

# ミントとアボカドのグレインボウル

雑穀を使った、栄養たっぷりのサラダ。
ミントを散らし、クミンやガーリックを使ったドレッシングで
風味よくさわやかに。朝食にもおすすめ。

### 材料（2人分）

たかきび…1/4カップ
キヌア…1/4カップ
紫玉ねぎ…50g（1/4個）
アボカド…1個
ミントの葉…適量
アーモンド（砕いたもの）…大さじ2

Ⓐ
- 白だし…大さじ1
- レモン果汁…小さじ2
- クミンパウダー…少々
- ガーリックパウダー…少々
- 塩…適量
- オリーブ油…大さじ4

黒こしょう…適量

### 作り方

1. たかきびはザルでさっと洗ったら、ぬるま湯に1時間ほど浸水させる。2倍量の水（分量外）と一緒に鍋に入れて15分ほどゆで、火を止めたらふたをして5分ほど蒸らす。
2. キヌアもザルで洗い、2倍量の水（分量外）と一緒に鍋に入れて15分ほどゆで、火を止めたらふたをして5分ほど蒸らす。
3. 紫玉ねぎはみじん切りにする。アボカドの半分は角切りに、残り半分はトッピング用に薄切りにする。
4. ボウルに①、②、紫玉ねぎ、角切りのアボカド、合わせたⒶを入れ、アボカドをつぶさないようにしながら全体を合わせる。
5. 器に④を盛って黒こしょうを振り、薄切りにしたアボカド、ミントの葉、アーモンドをトッピングしたら完成。

## 雑穀のプチプチ、もちもち食感が楽しい栄養豊富なサラダ

たかきびやキヌアなどの雑穀を加えた、栄養価を意識したサラダ。玄米でも粟（あわ）でもハト麦でもお好みの雑穀を合わせて。すでにゆでてパウチされているものを使えばお手軽です。雑穀は複数の種類を入れたほうが楽しい食感に。

雑穀にミントを合わせるとさわやかな仕上がりになり、一層おいしくいただけます。仕上げはアーモンドをたっぷり。さわやかながらも、アーモンドの自然の甘味と香ばしさがおいしさを引き立ててくれます。

# みょうがのフリット

風味が個性的なみょうがをシンプルにいただくアテ。
ふわっとした衣に、シャキッとしたみょうがの歯ごたえが絶妙。
しっかり冷やした辛口の白ワインには最高の相棒です。

### 材料（2人分）

みょうが…3本
大葉…6枚
レモン…適量
Ⓐ
- 小麦粉…30g
- コーンスターチ…10g
- ベーキングパウダー…小さじ1/4
- 塩…ひとつまみ
- ビール…50cc

フルール・ド・セル…適量
揚げ油…適量

### 作り方

1. Ⓐで衣を作る。ボウルにビール以外の材料をすべて入れ、混ぜ合わせたらビールを加えてさっくりと全体を混ぜる。
2. みょうがは半分に切り、①の衣をまとわせる。大葉は裏面のみ衣をまとわせる。
3. 180°Cの揚げ油で②をさっと揚げる。
4. 器に③を盛り、カットしたレモンとフルール・ド・セルを添えたら完成。

## 独特の香りを楽しむフリットの味つけはシンプルイズベスト

サクッと軽い衣はビールを使っているから。もしビールがなければ炭酸水でもOKです。ビールは少量しか使わないので、残りのビールをちょびちょび飲みながら調理をするのも楽しみな時間。

フルール・ド・セルは、塩田から採れる大粒の天日塩のことで、しっとりとしていてほんのりと甘味を帯び、食材のおいしさを引き出してくれる偉大な塩。もしなければ岩塩か粗塩でもOK。みょうがと大葉の特有の香りとおいしさを見事に引き立ててくれます。

# 白ねぎとベビーホタテのグラタン

ベシャメルソースと白ねぎのエチュベで作ったとろ〜りグラタン。
白ねぎの甘味、バターの風味、とろんとした食感に
しょうゆを合わせ、和のアクセントを加えました。

### 材料（2人分）

ベビーホタテ…100g
白ねぎのエチュベ（P.19参照）…100g
パルミジャーノ・レッジャーノ…適量
Ⓐ
- バター…20g
- 牛乳…200cc
- 小麦粉…20g
- ナツメグパウダー…少々
- 塩…小さじ1/3

しょうゆ…小さじ1

### 作り方

1. Ⓐでベシャメルソースを作る。フライパンにバターを入れて中火にかけ、溶けてきたら弱火にして小麦粉を加え、ダマにならないように手早くヘラで混ぜる。
2. 粉っぽさがなくなったら、牛乳少量（大さじ2程度）を加えてヘラで混ぜ、なじんだら牛乳少量を加えて混ぜる、を繰り返す。
3. 牛乳を半量ほど加えたら、残りの牛乳を加えてよく混ぜ合わせる。ナツメグパウダーと塩を加え、ソースがとろっとしてきたら火を止める。
4. 別のフライパンに白ねぎのエチュベを入れて中火で熱し、沸々としてきたらベビーホタテを加える。火が通ったらしょうゆを加え、さっと炒めて取り出す。
5. グラタン皿に④を入れ、③のベシャメルソースをかけ、パルミジャーノ・レッジャーノをかける。
6. 220℃に予熱したオーブンで⑤を10〜13分、焼き目がつくまで焼いたら完成。

### 白ねぎの風味と甘味を ベビーホタテのうま味と 組み合わせて

脇役になりがちなねぎを、メイン食材にしてグラタンにしてみました。とろんとした舌ざわりと甘味が、和風に仕上げたグラタンによく合います。

ベシャメルソースは難しく感じますが、2つのポイントを押さえれば簡単です。

1つ目は、小麦粉を粉っぽさがなくなるまでしっかりとバターで炒めること。2つ目は、牛乳は少量ずつ加え、ダマにならないようにすること。これさえクリアすれば、なめらかでクリーミーなグラタンがあっという間に完成します。

# 新しょうがの白バルサミコ酢漬け

やわらかくてみずみずしい新しょうがが手に入ったら、
ぜひ作り置きしたい白バルサミコ酢漬け。
ほんのり甘酸っぱく、さわやかな味わいで
漬かれば漬かるほどおいしくなります。

材料（作りやすい分量）

新しょうが…100g
Ⓐ 白バルサミコ酢…大さじ6
　 はちみつ…大さじ2
コリアンダーシード…小さじ1

作り方

1 新しょうがは薄切りにする。

2 ボウルにⒶの材料を入れ、よく混ぜ合わせて調味液を作る。

3 消毒した保存瓶に新しょうがとコリアンダーシードを入れ、②を注ぎ入れる。冷蔵庫でひと晩漬けたら完成。

## コリアンダーの風味豊かな洋風のガリ

しょうがにコリアンダーで香りづけをして、洋風のガリのような感覚で作った一品。

お肉やお魚のグリルやカレーなど洋風な料理と合わせやすく、箸休めとして活躍。また、千切りにしてキャロットラペと混ぜ合わせると、しょうががいいアクセントになります。

通常のしょうがでも作れますが、新しょうがで作るとみずみずしく、さわやかな辛味がきいて清涼感のある仕上がりに。

白バルサミコ酢やはちみつとのバランスもよく、漬かれば漬かるほどおいしくいただけます。

# Rule 7

# 旬野菜はシンプルに食す

## 一番おいしい季節に食材の味をそのままに

野菜にはそれぞれ旬があります。その時季になるとたくさん出回るし、リーズナブル。そして、なんといってもみずみずしくて味が濃く、おいしさが詰まっています。

今は年中いろいろな野菜が手に入りますが、できるだけ旬のものを買って調理するようにしています。旬の野菜は単品でじゅうぶんおいしいので、理想はそのまま食べること、もしくはシンプルな調理法で素材のおいしさを生かすこと。

焼くだけ、さっと揚げるだけ、蒸すだけ、和えるだけ、調味料をかけるだけなど、紹介する料理はとにかく調理法がシンプル。少しの塩やオリーブ油、スパイスでじゅうぶんおいしくいただけます。

# 焼きロメインレタスのシーザーサラダ

ロメインレタスの表面に焼き目をつけ、
香りよく、ほんのり甘さをプラス。ほどよく加熱されて、
根元の肉厚な部分もほっくりして食べやすくなります。

## ランチにもぴったり！ 本場のシーザーサラダ

一般的なシーザードレッシングは、ウスターソースやマスタードを使っていないものが多いのですが、本場のレシピを意識して作ったのがこのレシピ。ウスターソースとマスタードを加えることで、酸味とうま味がしっかりときいた味わいに。

どんなドレッシングを手作りするときにも使える技ですが、マスタードなどが入っていた小瓶などにドレッシングの材料を入れ、シャカシャカと振れば乳化作業もあっという間。

ロメインレタスが出回る頃によく作るレシピなのですが、たくさんおいしく食べられるので、ぜひ試してみてください。

### 材料（3～4人分）

ロメインレタス…1個
にんにく…1/2片
Ⓐ
- すりおろしにんにく…1/2片分
- 卵…1個
- パルミジャーノ・レッジャーノ…大さじ2
- ウスターソース…小さじ1
- ディジョンマスタード…小さじ1
- レモン果汁…大さじ1
- 塩…適量
- 黒こしょう…適量
- オリーブ油…大さじ5

パルミジャーノ・レッジャーノ…適量
バゲット…3切れ
オリーブ油…適量

### 作り方

1 ボウルにⒶの材料をすべて入れ、泡立て器かミキサーで撹拌し、シーザードレッシングを作る。

2 ロメインレタスは半分に切る。バゲットはにんにくの断面をこすって香りをつけたら角切りにし、トースターでカリッと焼いてクルトンを作る。

3 鉄のフライパンを強火でカンカンに熱してオリーブ油をひき、ロメインレタスの断面を下にしてフライパンに並べたら、茎に近い部分をフライ返しなどで軽く押さえながら数分焼く。

4 焼き目がついたら器に盛り、①のシーザードレッシングをかけ、クルトンをトッピングし、パルミジャーノ・レッジャーノを削ってかけたら完成。

# トマトと新玉ねぎのサラダ

みじん切りの新玉ねぎとトマトを合わせたさっぱりサラダ。
新玉ねぎのシャキシャキの食感と、
トマトの甘酸っぱさ、パセリの香りが三位一体に。

材料（2～3人分）

トマト…600g（4個）
新玉ねぎ…100g（1/2個）
イタリアンパセリ…適量
Ⓐ
- 赤ワインビネガー…大さじ1
- ディジョンマスタード…小さじ1
- 塩…小さじ1/2
- 黒こしょう…少々
- オリーブ油…大さじ1

作り方

1 Ⓐでドレッシングを作る。ボウルにオリーブ油以外の材料をすべて入れて混ぜ合わせ、塩がしっかり溶けたら、オリーブ油を少しずつ加えながらとろみがつくまで混ぜる。

2 トマトはくし形切りに、新玉ねぎはみじん切りにする。

3 ②を①に加え、ざっくり和える。

4 器に③を盛り、刻んだイタリアンパセリを散らしたら完成。

## ビタミンカラーで元気が出るトマトサラダ

みずみずしく、辛味の少ない新玉ねぎをドレッシング感覚でいただくトマトのサラダ。新玉ねぎが手に入らず、黄玉ねぎを使う場合は、みじん切りにしたあと空気にさらして揮発（きはつ）させたり、水にさらすなどして辛味をやわらげてください。

トマトは、色の違うものを見つけたら、ぜひ使ってみてください。彩りも楽しめるひと皿になります。トマトの赤に、イタリアンパセリの緑の組み合わせが、元気が出る色合いで、夏の暑い日の定番料理です。

# ヤングコーンのオーブン焼き

皮とひげがついたまま売っているのは旬の5〜7月くらい。
「グリルドコーン」をヤングコーンで作ってみました。
ピリリとパンチのきいたヨーグルトソースでいただきます。

材料（2人分）

ヤングコーン…5〜6本
Ⓐ
ヨーグルト…大さじ3
マヨネーズ…小さじ2
ホットソース（タバスコなど）…2、3滴〜お好みで
ガーリックパウダー…少々
塩…少々
パプリカパウダー…適量
黒こしょう…適量
オリーブ油…小さじ1

作り方

1 ボウルにⒶの材料をすべて入れ、混ぜ合わせてヨーグルトソースを作る。

2 ヤングコーンは皮を2、3枚程度残してむき、天板に並べる。ひげの部分にはアルミホイルをかぶせる。

3 210°Cに予熱したオーブンの下段で、15〜20分焼いて取り出す。

4 粗熱がとれたら皮をむき、器に盛る。①のヨーグルトソース、パプリカパウダー、黒こしょう、オリーブ油をかけたら完成。

## 酸味と辛味のきいたヨーグルトソースで甘いヤングコーンを！

ヤングコーンの皮を数枚残して焼くのは、コーンを蒸し焼きにするためです。ひげは焦げないようにアルミホイルで覆うのがポイント。

ソースは、中東のほうではポピュラーなヨーグルトソースをアレンジし、マヨネーズでコクを出し、ホットソースで辛味を足しています。シーザードレッシングに少し似ていますが、ヨーグルトを使っているのでライトな味わいに。
「焼きとうもろこし」感覚で、旬のヤングコーンをいただきます。

# ししとうのパドロンフリット風

夏にたくさん出回るししとうの大量消費レシピです。
素揚げしてさっと塩を振るだけでシンプルだけどうまい。
“とりあえずビール”の相棒にぴったりな料理です。

材料（2人分）

ししとう…10本
フルール・ド・セル…適量
揚げ油…適量

作り方

1 ししとうは楊枝で何カ所か刺して穴をあける。

2 170°Cの揚げ油で①をさっと素揚げする。

3 器に盛り、フルール・ド・セルをかけたら完成。

## 自宅にいながら バル気分を味わえる

スペインのピンチョスの定番料理で、正式な名前は「ピメントス・デ・パドロン」。スペインのパドロン村が発祥で、ピーマンを使った料理です。これを夏に旬のししとうで代用しました。この料理には、生ハムやエスカリバーダを用意し、スペインバル風にして楽しむことが多いです。エスカリバーダとは、なすやパプリカを200〜220°Cの高温のオーブンで30〜40分焼いて、真っ黒になった表面の皮をむき、ビネガーと塩、オリーブ油でマリネしたもの。

キンキンに冷えたシェリー酒を合わせるのがおすすめです。

# カラフルミニトマトのセージバターソテー

夏にたくさん手に入るトマトは、マリネだけでなく
いろんな味つけで楽しみたいものです。
赤、黄、オレンジと色鮮やかなトマトを
バターとセージで香りづけしました。

材料（3～4人分）

ミニトマト…30～40個
にんにく…1片
セージ…2枝
バター（無塩）…20g
バルサミコ酢…大さじ1
塩…適量
黒こしょう…適量

作り方

1 フライパンにバターとみじん切りにしたにんにくを入れ、弱火でじっくり加熱する。

2 にんにくの香りが立ったら、ミニトマト、セージ、塩を加えてふたをし、5分ほど蒸し焼きにする。

3 トマトが少しくたっとしたらバルサミコ酢を回しかける。器に盛り、黒こしょうを振ったら完成。

## バターとセージの豊かな香りに包まれたトマトが絶品

　セージを使うことが多い西洋料理。仔牛肉と生ハムとセージの葉を重ねて焼いたサルティンボッカはポピュラーですが、他にもハンバーグやソーセージなどの臭み消し、パスタ、スープ、トマトソースの香りづけにセージを使うことも多いです。

　今回は甘味と酸味が詰まった旬のミニトマトがたくさん手に入ったので、バターの芳醇（ほうじゅん）な香りとセージのさわやかな風味をミニトマトにまとわせ、温菜にしてみました。

# エビと夏野菜のソテー

ズッキーニととうもろこしがごろごろっと入ったひと皿。
こんがり焼いたズッキーニ、甘くておいしいとうもろこしに、
しっかり塩をきかせてうま味を引き出しました。

材料（2～3人分）

エビ…8尾
ズッキーニ…150g（1本）
とうもろこし（ゆでたもの）…1/2本
イタリアンパセリ…適量
しょうゆ…小さじ1/2
レモン果汁…小さじ1
ガーリックパウダー…小さじ1/2
塩…適量
黒こしょう…適量
オリーブ油…適量

作り方

1 エビは殻をむき、背に切り込みを入れて開き、背ワタを取る。ズッキーニは1.5～2cm幅の半月切りに、とうもろこしは実の部分を包丁で削ぐ。

2 フライパンにオリーブ油を中火で熱し、ズッキーニを並べて塩を全体に軽く振る。焼き目がついたら裏返してまた塩を軽く振る。

3 両面が焼けたらフライパンの端に寄せ、エビを加えて塩少々を振り、ソテーする。

4 エビに火が通ったら、とうもろこし、しょうゆ、レモン果汁、ガーリックパウダーを加えてさっと炒める。

5 器に④を盛り、ちぎったイタリアンパセリを散らし、黒こしょうを振ったら完成。

## 食欲をそそる味つけで夏野菜をたっぷりいただく

夏を代表する野菜、ズッキーニととうもろこしを使ったボリュームのある一品。エビのうま味と、ガーリックの風味で食欲倍増、夏バテも乗り切れそうな料理です。

ズッキーニは少し厚めに切ってじっくり焼きます。表面は焼き目をつけて香ばしく、中はとろんとした食感に。

食材はズッキーニ、エビ、とうもろこしの順にソテーしていきますが、その都度ごく少量の塩をきかせるのがポイント。どの食材にもしっかりと味がなじみ、それぞれの食材の味が生きます。もちろんお酒との相性も抜群です。

# きゅうりと白ぶどうのサラダ

グリーンのワントーンでまとめた夏のサラダです。
くるくるときゅうりをカールさせて盛りつけるのがポイント。
盛りつけを変えるだけで、日常のテーブルがぐっと華やかに。

材料（2人分）

きゅうり…100g（1本）
お好みの葉物野菜…適量
（写真はベビーリーフ）
白ぶどう（種なし）…8粒
Ⓐ
すりおろししょうが…小さじ1/2
白ワインビネガー…小さじ1/2
はちみつ…小さじ1/2
塩…適量
オリーブ油…大さじ1
黒こしょう…適量
ピンクペッパー…適量

作り方

1 きゅうりはピーラーで縦に薄くむき、箸に巻きつけてしばらく置く。葉物野菜は冷水にとってシャキッとさせ、水気を切る。白ぶどうは半分に切る。

2 ボウルにⒶの材料をすべて入れ、よく混ぜ合わせてしょうがドレッシングを作る。

3 別のボウルに①を入れ、②のしょうがドレッシングをボウルの縁から回し入れ、ボウルの底から手でふわっとドレッシングをまとわせるように混ぜる。

4 器に③を盛り、黒こしょうとピンクペッパーを振ったら完成。

## きゅうりと白ぶどうの食感が楽しい、ワントーンのおしゃれサラダ

グリーンに統一した彩りや、巻いたきゅうりのビジュアルを楽しんで食べられるようにと工夫しました。みずみずしく、シャキッとした食感のきゅうりに、ジューシーな白ぶどうがアクセントになっています。今回は、白ぶどうはトンプソンを使っていますが、お好みで。サクッとしたさわやかな白ぶどうの酸味がサラダにちょうどよく、しょうがの風味がきいたドレッシングを合わせてみました。

# マッシュルームのサラダ

こんもりと盛ったマッシュルームからいい香りが漂ってきます。
香りも味わうため、あえて調味料と和えません。
器に敷いたドレッシングとともに、
香りを楽しみながら召し上がってください。

材料（2人分）

マッシュルーム…150g
にんにく…1/4〜1/2片
イタリアンパセリ…適量
しょうゆ…大さじ1
レモン果汁…小さじ1
オリーブ油…大さじ1

作り方

1 マッシュルームは石づきを切り落とし、薄切りにする。

2 にんにくは少し残してすりおろす。残したにんにくの断面を器にこすり、香りを移す。

3 ボウルにすりおろしたにんにく、しょうゆ、レモン果汁、オリーブ油を入れ、混ぜ合わせる。

4 器に③のドレッシングを敷いたらマッシュルームを盛る。粗く刻んだイタリアンパセリをトッピングしたら完成。

## ドレッシングで和えずに マッシュルームの 香りを堪能

ふわっとした食感や香りを楽しみたいので、マッシュルームはあえてドレッシングと和えず、器に敷いたドレッシングの上にスライスしたマッシュルームを盛りつけてみました。

もしくはドレッシングは別添えにして、いただく直前にかけるのもおすすめです。味はにんにくのパンチがきいたしょうゆベースです。

# ハヤトウリのピクルスサラダ

ハヤトウリをきれいに薄切りにして、少しずらすようにして盛りつけ、
アーモンド、クミンやコリアンダーシードをトッピング。
スパイスの香りとアーモンドが心地よいアクセントになっています。

材料（作りやすい分量）

ハヤトウリ…1個
イタリアンパセリ…適量
きゅうりのピクルス液(P.14参照)
…100cc〜お好みで
アーモンド…3粒
クミンシード…小さじ1/2
コリアンダーシード…小さじ1/2
黒こしょう…適量
オリーブ油…適量

作り方

1 ハヤトウリの皮をむいて半分に切り、中の種をスプーンなどで取り除いたら薄切りにする。

2 密閉保存袋に①とピクルス液を入れ、30分以上寝かせる。

3 フライパンでアーモンド、クミンシード、コリアンダーシードを2〜3分乾煎りし、粗熱をとったらすり鉢などで粗く砕く。

4 器に②のハヤトウリを盛り、オリーブ油を回しかけ、③、刻んだイタリアンパセリ、黒こしょうをかけたら完成。

## スパイスが心地よいポリポリ食感の浅漬け

9月頃から花を咲かせ、10月から12月頃までが旬のハヤトウリ。センナリウリとも言うそうです。スープに入れることも多いですが、今回は浅漬け風に作ってみました。スパイスが香り、アーモンドの香ばしさが加わった面白い浅漬けのアレンジ。

薄切りなので短時間で漬かります。数品作るときはまずこれから仕込んでおけば、あとは放置しておくだけの簡単な一品。

アテや箸休めにはもちろん、スパイスのきいたカレーの付け合わせにもぴったりです。

# かぼちゃと
# シナモンのエチュベ

かぼちゃをシナモンと一緒に蒸し煮にしたエチュベ。
シナモンの香り、バターのコク、塩味もきいた
しっかりとした味わい。ワインのアテにも。

材料（3～4人分）

かぼちゃ…350g（1/4個）
バター（無塩）…20g
シナモンスティック…1本
フルール・ド・セル…適量
水…大さじ3

作り方

1 かぼちゃはひと口大に切る。シナモンスティックはおろし金で1/4本分ほど削る。

2 厚手の鍋にかぼちゃ、バター、①で残ったシナモンスティック、水を入れ、ふたをして強火にかける。沸々としてきたら弱火に落とし、15分ほど蒸したら火を止めてそのまま5分ほど蒸らす。

3 器に②を盛り、①の削ったシナモンパウダー、フルール・ド・セルを振りかけたら完成。

## 蒸し煮にした
## 甘いかぼちゃと
## シナモンの相性は◎

秋から冬にかけてが旬のかぼちゃ。シナモンと合わせると、加熱したときに香りが立ち、甘いかぼちゃとよく合います。

この絶妙な相性に、コクのあるバターと、濃厚なうま味が詰まったフルール・ド・セルでさらにおいしさを追加します。

お酒のアテにすることが多いのですが、甘じょっぱいので、おやつ感覚でもいただけます。たくさん作ってあまったら、クリームチーズと混ぜてマッシュし、パンプキンサラダにしても美味。お好みでアレンジを。

# かぶのカルパッチョ風

信州の伝統野菜「保平(ほだいら)かぶ」をいただいたのでカルパッチョ風に。
見た目の色合いがとってもきれいなのでそのビジュアルを生かしつつ、
味つけはレモンと塩とオリーブ油で、シンプルに仕上げました。

材料(2人分)

保平かぶ(普通のかぶでも可)…1個
ディル…1枝
レモン果汁…小さじ1
塩…ふたつまみ
オリーブ油…大さじ2

作り方

1 保平かぶを縦半分に切り、半月状になるようにスライサーなどで薄切りにする。

2 器の縁に沿って①を少しずつずらしながら丸く並べ、その内側に同じ要領で丸く並べる。これを中心まで繰り返し、花のように見立てて盛りつける。

3 塩を全体に振り、手で軽く押さえてなじませる。

4 レモン果汁を振り、オリーブ油を全体に回しかける。ちぎったディルを散らしたら完成。

## 花びらに見立ててできるだけ薄く切るのがポイント

長野県の伝統野菜で、地元では甘酢漬けにするのがスタンダードな食べ方です。食感がよく、甘味があって辛味が少ないため、シンプルな味つけでもじゅうぶんにおいしい食材。

皮は赤紫色、果肉は白。その見た目を活用し、花に見立てて器に盛ると、食卓が一気に華やぎます。

保平かぶが手に入らなければ、通常のかぶでももちろんOK。保平かぶは通常のかぶに比べてひと回り大きいので、調味料は調整を。

# カリフラワーのオーブン焼き

カリフラワーのこんがりとついた焼き目に、
ターメリックとパプリカ、クミンの香りが漂うスパイス料理。
くせが強すぎないので、我が子も喜んで食べる好物のひとつです。

材料（2～3人分）

カリフラワー…300g（1/2個）
イタリアンパセリ…適量
パプリカパウダー…適量

Ⓐ
- クミンシード…大さじ1
- ターメリックパウダー…小さじ1/2
- ガーリックパウダー…少々
- 塩…小さじ1/2
- 黒こしょう…適量
- オリーブ油…適量

作り方

1 カリフラワーをひと口大に切り、混ぜ合わせたⒶを全体にまぶす。

2 天板にカリフラワーを広げ、210℃に予熱したオーブンで12～15分焼く。

3 器に②を盛り、刻んだイタリアンパセリを散らし、パプリカパウダーを振ったら完成。

## スパイスが香る シンプルオーブン料理

秋口から3月頃までが旬のカリフラワー。器で映えるように、ターメリックを使って黄色に色味づけすると、華やかな雰囲気に。

調味料をまぶしたあとはオーブンで焼くだけなので、準備だけしておけば、スープやサラダなど他の料理を作っている間に完成する手間のかからない料理です。

ただ、焼きすぎるとクミンシードが焦げてしまうので、時々オーブンをのぞいて焼き時間を調整しましょう。

# Rule 8

## 野菜特有の苦味は味わいのひとつ

春になると、冬に蓄(たくわ)えていたエネルギーを一気に放出する苦味のある野菜が多く出回ります。野菜の苦味を消すために、湯がいたり、塩もみしたりするといった下ごしらえは、あえて我が家ではしません。苦味はその野菜特有の味わいとして楽しむことにしています。

野菜の苦味は、スパイスや個性的な調味料との相性が抜群にいいんです。うどなどの個性の強い苦味はナンプラーやにんにく、しょうがと合わせるだけでごちそうに。ゴーヤは、香りが独特のクミンをぱらっとかけるだけでぐっとおいしくなります。また、苦味は柑橘系の酸味との相性がよく、菜の花やうど、春菊とはっさくなどの柑橘類を合わせると、さっぱりとしたサラダ感覚でいただけます。

# 菜の花のバターソテー

ほんのり感じる苦味こそが料理のアクセント。
菜の花の季節にはおひたしが定番ですが、あえてソテーに。
菜の花とはっさくの苦味をバターの芳醇な香りでいただきます。

## 材料（2人分）

生ハム…3枚
菜の花…1束
はっさく…1/2個
パルミジャーノ・レッジャーノ…20g
バター（無塩）…10g
塩…少々
黒こしょう…適量
オリーブ油…大さじ1

## 作り方

1 菜の花は半分の長さに切り、茎の太い部分は縦半分に切る。はっさくは皮をむいて実をほぐす。

2 フライパンにバターを中火で温め、菜の花を入れて塩を振る。さっと炒めたら取り出し、粗熱をとる。

3 ボウルに菜の花、はっさく、ひと口大にちぎった生ハム、粗く砕いたパルミジャーノ・レッジャーノを入れてオリーブ油を回し入れ、さっと和える。

4 器に③を盛り、黒こしょうを振ったら完成。

## 華やかな彩りで花畑を思わせるサラダ

菜の花は花が咲いてしまうと規格外になるため、スーパーなどに出回るのは、花が咲く前の状態のもの。そこでお皿の上では花が咲いているイメージができるように、はっさくを花に見立て、花畑を演出してみました。

この料理はシンプルな味つけがポイントです。生ハムとパルミジャーノ・レッジャーノに塩味とうま味があるので軽めの塩でじゅうぶん。

また、菜の花は余熱で火が通るので、少しかために仕上げておくと、食べるときにちょうどいいかたさになります。

# うどのエスニックサラダ

シャキシャキとした食感で、独特の香りがするうど。
皮をむいた白い部分は、とてもやわらかく、
ほんのり苦い程度なのでサラダに最適です。

## 苦味が控えめな部分を使用して パンチのあるドレッシングで

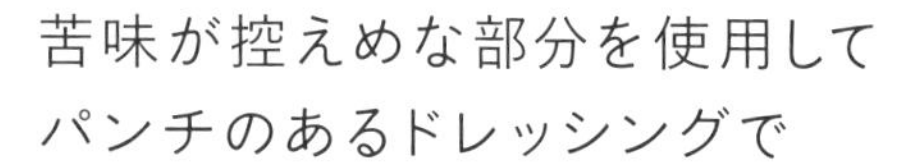

うどは中の白い部分と外側の皮を別々の料理に使います。この料理は、苦味がさほど強くない中の部分を使用。えぐみも少ないので加熱せずにサラダ感覚で使います。少しパンチのある味わいにするために、ドレッシングはスイートチリソースとナンプラーでエスニック風に仕上げました。

スイートチリソースがなければ自家製で。フライパンに穀物酢（大さじ4）、砂糖（大さじ2）、豆板醤（小さじ1）、塩（少々）、すりおろしにんにく（1/2片分）を合わせてひと煮立ちさせ、粗熱をとったら完成です。

### 材料（2人分）

うど（皮をむいたもの）…100g
クレソン…1束
はっさく…適量
Ⓐ
- ナンプラー…大さじ1
- レモン果汁…小さじ1
- スイートチリソース…大さじ1
- ごま油…大さじ1

### 作り方

1. うどの茎の太い部分は厚めにむき、中の白い部分を薄切りにして酢水にさらす（むいた皮や細い茎、穂先はP.119の料理で使用）。クレソンは食べやすい大きさに切り、はっさくは皮をむいて実をほぐす。
2. ボウルにⒶの材料をすべて入れ、よく混ぜ合わせてエスニックドレッシングを作る。
3. ②にうど、クレソン、はっさくを加えてさっと和える。
4. 器に③を盛り、お好みで粗挽き唐辛子粉をかけたら完成。

# うどのビネガー炒め

うどの皮と穂先は、うど特有の苦味があり、これがまたおいしい。
適度に脂がある豚ひき肉と合わせて、おいしさ倍増です。
お酒もごはんも進む誘惑多めのアテの完成。

## 材料（2人分）

豚ひき肉…50g
うど（皮、細い茎、穂先）…1本分
にんにく…1片
しょうが…1/2片
Ⓐ しょうゆ…大さじ1
　シェリービネガー…大さじ2
　きび砂糖…小さじ1
ごま油…大さじ1

## 作り方

1 うどの皮や細い茎、穂先は食べやすい大きさに切り、酢水にさらす。にんにくとしょうがはみじん切りにする。

2 フライパンにごま油、にんにく、しょうがを入れて中火で熱し、沸々としてきたらひき肉を加えて炒める。

3 ひき肉の色が変わったらうどを加えて炒める。油が回ったら、合わせたⒶを加えてさらに炒める。うどがくたっとしたら完成。

### シェリー酒の熟成した甘味、スパイシーな酸味がきいたほろ苦さがおいしい炒め物

118ページの「うどのエスニックサラダ」で使わなかった皮と細い茎、穂先で、うど1本を使い切る料理。
シェリー酒の独特な風味がきいたシェリービネガーを使えば、濃厚な香りも味つけのひとつになります。アクがあって個性が強いうどに合わせると、コクも増しておいしい一品に。豚ひき肉の脂で、さらにうどのおいしさが引き立ちます。
お酒のアテとしていただくことが多いのですが、白ごはんにもよく合います。

# 種ごと輪切りゴーヤの素揚げ

夏の暑い日に、ビールと一緒にいただくのに最高なアテ。
輪切りにしたゴーヤに、カリカリの種がのったビジュアルがかわいい。
塩とレモンの酸味、クミンシードの風味でいただきます。

材料（2〜3人分）

ゴーヤ…1本
レモン…適量
クミンシード…適量
塩…適量
揚げ油…適量

作り方

1 ゴーヤは1cm幅の輪切りにする（わた、種は取り除かなくてOK）。

2 170℃の揚げ油で①を3分ほど揚げる。

3 器に②を盛り、クミンシードと塩を振る。カットレモンを添え、搾っていただく。

## 切って素揚げするだけの超スピードおつまみ

ゴーヤの中のわたや種を取り除く作業もいらない、衣もいらない、ただ揚げるだけの超簡単レシピ。しかも煮ると、豊富に含まれる水溶性のビタミンCが流れ出てしまいますが、素揚げにすることでキープ。また、揚げると苦味が適度に抑えられるうえに、種がカリッとなってとてもおいしいのです。

仕上げに振る、ふわっと香るクミンがいい仕事をしてくれます。スナック感覚で食べられて、ビールのおつまみに最高です。

# パリパリ生ピーマンのピリ辛桜エビ添え

苦いだけではない、甘味や青っぽさのあるピーマンと、
ピリ辛でうま味たっぷりなエビとの相性が最高。
ピーマンは氷水にさらして、シャキッとみずみずしく。

材料（2人分）

桜エビ（釜揚げ）…大さじ3
ピーマン…150g（3個）
長ねぎ…30g（1/3本）
にんにく…1/2片
マヨネーズ…適量
Ⓐ
- オイスターソース…小さじ1
- 酢…小さじ1/2
- きび砂糖…小さじ1
- 豆板醤…小さじ1
- 酒…小さじ1

ラー油…適量
ごま油…大さじ1

作り方

1 ピーマンは縦半分に切り、わたと種を取り除く。食べやすい大きさに切ったら、氷水にさらしてよく冷やす。長ねぎとにんにくはみじん切りにする。

2 フライパンにごま油、長ねぎ、にんにくを入れて中火で熱し、沸々としてきたら弱火に落として香りを出す。

3 桜エビを加えてさっと炒め、合わせたⒶを加えてひと煮立ちさせたら、ラー油を加えて火を止める。

4 器に水気を切ったピーマンを盛り、③とマヨネーズを添えたら完成。

## ピリ辛味が際立つパリパリ食感のピーマン

ピリッとした辛味がパリッとしたピーマンとよく合い、冷えたサワーやビールがゴクゴク進みます。

氷水にさらしてパリッとさせたピーマンの食感もおいしさを引き立ててくれます。

桜エビをピリ辛に味つけしたディップを添えてみました。エビの香ばしい風味に辛味を合わせ、ピーマンと一緒にいただくと最高においしいです。シャキッとみずみずしいピーマンと、濃厚なエビの風味がきいたディップがいいコンビネーション。肉厚な釜揚げの桜エビを使っているのですが、なければ干しエビで代用しても。

ディップはお好みでアレンジしてみてください。自家製マヨネーズの作り方は22ページを参考に。

# ラム肉とカーリーケールのホットサラダ

赤と緑が目を引く元気が出るサラダを作りました。
ラム肉を使ったボリュームのある一品。
栄養価も高いので、
疲れた日のエネルギーチャージに。

## 材料(2人分)

ラム肩ロース薄切り肉…200g
カーリーケール…1枚
トマト…150g(1個)
紫玉ねぎ…50g(1/4個)
にんにく…1片
しょうゆ…大さじ1
オイスターソース…大さじ1
クミンシード…小さじ1
パプリカパウダー…適量
黒こしょう…適量
ごま油…大さじ1

## 作り方

1. カーリーケールはやわらかい葉の部分をひと口大にちぎり、茎はみじん切りにする。トマトはひと口大に切る。紫玉ねぎは薄切りに、にんにくはみじん切りにする。
2. フライパンにごま油、にんにく、クミンシードを入れて中火で熱し、沸々としてきたらラム肉とカーリーケールの茎を加えてさっと炒める。しょうゆとオイスターソースを加え、さらにさっと炒める。
3. 火を止め、カーリーケールの葉と紫玉ねぎを加え、余熱でさっと和える。
4. 器に③を盛り、トマトをのせ、パプリカパウダーと黒こしょうを振ったら完成。

## 赤ワインに合うボリューミーなサラダ

ケールの中でも、葉が縮れていて比較的苦味が控えめなカーリーケールを使いました。とはいえ、カーリーケールも独特な苦味があるので、味つけはしっかりめの中華料理を意識し、うま味とコクのあるラム肉を合わせました。

ラム肉は脂身と赤身のバランスがよく、使い勝手もいいので料理の登場回数は頻繁で、我が家ではよく使います。赤身をさっと焼いてカーリーケールと合わせれば、栄養たっぷりのひと皿が完成。主菜のようなサラダなんです。

# 春菊とピンクグレープフルーツ

グリーンとピンクの色を意識したので、見た目もおしゃれな仕上がり。
春菊×ピンクグレープフルーツのほろ苦さを掛け合わせ、フレッシュでジューシーに。
トッピングしたアーモンドの香ばしさも引き立つサラダ。

## 苦味食材の掛け合わせに、山椒の清涼感が絶妙

春菊に、ジューシーで、かすかにほろ苦さのあるピンクグレープフルーツを合わせてみました。口に入れると、両方の食材のさわやかな香りが広がります。

春菊は、生食でもおいしく食べられるよう、育ちすぎていない、できるだけやわらかいものを選んでください。

グレープフルーツはあえてピンクを使用。甘味が強く、果汁が多いのでフレッシュ感が増します。見た目も、春菊の深い緑にピンクが映え、華やかなひと皿に。仕上げに山椒を振ることで、清涼感も楽しめます。

### 材料（2人分）

春菊…1/2束
大根…1cm
ピンクグレープフルーツ…1/2個
アーモンド（砕いたもの）…大さじ1
粉山椒…少々
七味唐辛子…少々
塩…適量
黒こしょう…適量
オリーブ油…大さじ1

### 作り方

1. 春菊は食べやすい長さに切る。大根は皮をむいて薄めのいちょう切りにし、塩少々を振って10分ほど置き、水気を絞る。ピンクグレープフルーツは皮をむいて実をほぐす。
2. ボウルに塩少々と手で搾ったピンクグレープフルーツの果汁1房分を入れて混ぜ、塩が溶けたらオリーブ油を加えて乳化させるようによく混ぜる。
3. 春菊、大根、ピンクグレープフルーツの実を②に加え、さっと和える。
4. 器に③を盛り、粉山椒、七味唐辛子、黒こしょうを振り、アーモンドをトッピングしたら完成。

# トレビスとレバーパテ

レバーパテに、クラッカーの感覚でトレビスを添えました。
トレビスのほろ苦さとクリーミーなレバーパテの相乗効果で、
思わずワインが進む上質なおつまみです。

## レバーパテのおいしさを引き出すトレビスを添えて

独特な苦味と、鮮やかな見た目のトレビス。はちみつをかけ、甘味のあるレバーパテをのせていただきます。トレビスの苦味がアクセントになるアテ。レバーパテ以外にも、カツオなどの脂がしっかりのった赤身の魚と一緒に食べてもおいしいです。

レバーの扱いはちょっと気をつけたいところ。塩でさっともんで、牛乳に1時間〜半日浸すことで臭みを抜きます。焼くときは、弱火でじわじわ焼くと臭みが出やすいので、強火でさっと焼くのがコツ。

### 材料（作りやすい分量）

Ⓐ
- 鶏レバー…200g
- にんにく…1片
- バター…40g
- 牛乳…適量
- 生クリーム…60cc
- ブランデー…大さじ1
- 塩…小さじ1/3
- オリーブ油…大さじ1

トレビス…適量
はちみつ…適量
パプリカパウダー…適量
黒こしょう…適量

### 作り方

1 Ⓐでレバーパテを作る。レバーは塩ふたつまみ（分量外）を振り、さっともみ込んだらボウルに入れ、牛乳をひたひたになるまで加えて1時間ほど置く。きれいに洗い流して血の塊などを取り除き、水気を拭く。にんにくは薄切りにする。バターは小さく切る。

2 フライパンにオリーブ油とにんにくを熱し、香りが立ったらにんにくを取り出す。

3 ②のフライパンを強火で熱し、レバーの両面に焼き色がつくまで焼く。ブランデーを加え、アルコールを飛ばす。

4 ミキサーに②で取り出したにんにく、③、バター、塩を入れて撹拌し、なめらかになったらボウルに移して冷蔵庫でよく冷やす。

5 ボウルに生クリームを入れて八分立てに泡立て、④を加えて混ぜ合わせたら再び冷やす。

6 スプーンの先をお湯にさっとつけて温め、⑤をラグビーボールのような形にすくって器に盛る。はちみつ、パプリカパウダー、黒こしょうをかけ、トレビスを添えたら完成。

# Rule 9

# ソースを手作りする

## 野菜をおいしく食べるペースト状のソース

にんじんのオレンジ、玉ねぎの白、パセリの緑と、色を意識して3色のペースト状のソースを作ってみました。ドレッシングのようにかけるというよりは、野菜を食べるソースといったイメージです。

にんじんソースは、しょうゆやはちみつ、白だしなどを使ったコクのあるソース。食材と和えるだけでなく、お皿に敷いて野菜をのせ、ディップのようにつけて食べることもできます。

玉ねぎソースは、酸味を加えた万能ソース。豆板醤などの辛味を加えて味変も可能です。

パセリソースは、バジルのジェノベーゼソースのようにパスタソースにしたり、同系色のアボカドと和えたり、フルーツと合わせたり、と楽しみ方はいろいろです。

# にんじんソース

ディップのようにとろみのあるソースに仕上げました。
りんご酢のフルーティーな酸味に、はちみつのまろやかな甘味をプラス。
サラダはもちろん、肉魚料理との相性も抜群です。

材料（作りやすい分量）

にんじん…200g（大1本）
白だし…小さじ2
薄口しょうゆ…小さじ2
りんご酢…大さじ3
レモン果汁…大さじ1
はちみつ…大さじ1
菜種油…100cc

作り方

1 にんじんはひと口大に切る。

2 ミキサーにすべての材料を入れ、よく撹拌したら完成。

## ゆで野菜もお肉もお魚もさっぱりと食べられる万能なソース

強力なミキサーで、にんじんをなめらかになるまでしっかり撹拌することがポイントです。パワーの弱いミキサーだと、にんじんがみじん切りのようになって、ぼそぼその食感に。できるだけパワーのあるミキサーできめ細かく撹拌してください。ミキサーがなければ、目の細かいおろし金ですりおろしてもいいと思います。

にんじんにフルーティーな酸味のりんご酢を加えました。少しとろっとしているので、ディップとしても使えます。ゆで野菜の他、鶏肉や白身魚のソテーなどにもぴったり、さっぱりといただけます。

材料（2人分）

ミディトマト…2個
ケイパー（酢漬け）…10粒
にんじんソース（P.126参照）…大さじ2
黒こしょう…適量
オリーブ油…適量

作り方

1 ミディトマトはくし形切りにする。ケイパーは包丁で刻む。

2 器ににんじんソースを敷き、その上にミディトマトを並べる。

3 ケイパー、黒こしょう、オリーブ油をかけたら完成。

## ミディトマトの鮮やかな赤が映えるサラダ

にんじんソースを先に器に敷いてからミディトマトを盛りつけ、オレンジ色と赤色の鮮やかなサラダにしてみました。ミディトマトの甘味に、にんじんソースの酸味が合い、さっぱりといただきます。

ケイパーは、ここでは酢漬けを使いましたが、塩漬けを使ってもおいしいです。塩漬けを使う場合は、水でさっと洗うか、浸水させて塩抜きをし、お好みの塩加減に調整してください。ケイパーの独特な風味によって、味に深みが生まれます。

# にんじんソースで トマトとケイパーのサラダ

真っ赤なトマトを使えば、
オレンジ色のソースとのコントラストが美しいひと皿に。
にんじんソースのまろやかな甘酸っぱさが、
ミディトマトの甘味を引き立ててくれます。

# にんじんソースで りんごとくるみ和え

にんじんソースとりんごの、
それぞれの酸味を組み合わせることで一体感が生まれます。
レーズンで甘味を補い、食感を楽しめるくるみを合わせました。
風味豊かなワイン用のアテの完成です。

材料（2人分）

りんご…220g（1個）
レーズン…大さじ1
むきぐるみ…大さじ1
にんじんソース（P.126参照）…大さじ2

作り方

1 りんごは皮をむき、種を取り除いて薄いくし形切りにする。

2 フライパンでくるみをさっと乾煎りし、粗熱をとったら砕く。

3 ボウルに①、②、レーズン、にんじんソースを入れ、さっと和えたら器に盛る。

## りんご×レーズンに にんじんソースで前菜を

りんごは食後にデザートとしていただく方も多いと思いますが、サラダとしても活躍してくれる食材のひとつ。

シャキッとしたりんごのフレッシュ感は、レーズンの甘味、にんじんソースの甘酸っぱさとよく合います。くるみは乾煎りして香りを高め、食感も楽しむために粗く砕いて。

すっきりとした白ワインと合わせるのが お気に入りです。

# 玉ねぎソース

材料をミキサーで撹拌するだけのとても簡単なソース。
玉ねぎがたくさん手に入ったら、多めに作ってストックしています。
とろみがあり、魚、肉、野菜のどんな食材にも絡みやすく使いやすさは抜群。

### 材料（作りやすい分量）

玉ねぎ…100g（1/2個）
白ワインビネガー…大さじ2
ディジョンマスタード…小さじ1
砂糖…大さじ1
塩…小さじ1
菜種油…100cc

### 作り方

1 玉ねぎはひと口大に切る。

2 ミキサーにすべての材料を入れ、よく撹拌したら完成。

## 玉ねぎのほんのりとした辛味が料理を引き上げる万能ソース

我が家ではドレッシングを買うことがあまりなく、ほとんどが手作りです。中でもよく作るのがこの玉ねぎソース。ソースとしてお肉やお魚のグリルにかけるのはもちろんのこと、生野菜にさっとかけてドレッシングとしても活躍。

玉ねぎは季節によって辛味が異なるので、辛味が控えめな春の新玉ねぎで作るのがおすすめです。玉ねぎが辛すぎるなら、1〜2日間ほど冷蔵庫で寝かせると、辛味が落ち着いてきます。

ミキサーがなかったら、玉ねぎをすりおろしてください。玉ねぎはすりおろしにくいので、最後に残った部分はみじん切りにして一緒に合わせても○。

# 玉ねぎソースで
# 焼肉とフリルレタスを

玉ねぎソースに豆板醤を加えて辛味をプラス。
さっぱりみずみずしいレタスと、
コクがあって脂身がおいしい焼肉に、
玉ねぎソースがよく合います。
レタスは、サンチュでも、サニーレタスでもお好みで。

材料（2人分）

豚肩ロース薄切り肉…200g
フリルレタス…適量
Ⓐ
- 玉ねぎソース（P.130参照）…大さじ3
- しょうゆ…大さじ1/2
- 豆板醤…小さじ1
- ごま油…小さじ1

作り方

1 ボウルにⒶの材料をすべて入れ、よく混ぜ合わせる。

2 フライパンに豚肉を並べ、中火でよく焼く。

3 器に②とフリルレタスを盛り、豚肉に①をかけたら完成。

## ピリ辛なソースで食欲そそる焼肉に

玉ねぎソースに豆板醤を足してピリ辛にし、さっぱりした焼肉のソースにしていただきます。加熱はしていないので玉ねぎのフレッシュ感はそのままに、脂身の多い豚肉ともよく合います。

フリルレタスに焼肉とソースをのせてくるめば、食感も楽しいおかずに。もちろん白ごはんのおかずにもぴったり。さっと作れて満足度が高く、玉ねぎのさっぱり感で締めてくれるこの料理はお気に入りのひとつです。

# 玉ねぎソースで<br>サーモンとスライス大根を

脂ののったサーモンを、さっぱりとした大根でくるみ、
酸味のきいた玉ねぎソースでいただきます。
前菜としてももちろん、おつまみとしても優秀です。

材料（2人分）

サーモン（刺身用）…100g
大根…1cm
チャービル…少々
玉ねぎソース（P.130参照）…大さじ1
塩…適量
黒こしょう…適量

作り方

1 サーモンは薄切りにし、軽く塩を振る。大根はスライサーで5枚に薄くスライスする。

2 大根でサーモンを巻き、器に盛る。

3 玉ねぎソースをかけ、チャービルを添え、黒こしょうを振ったら完成。

## スライス大根で<br>サーモンをくるり、<br>見た目もかわいい一品

脂ののったサーモンに、大根のパリッとした食感と、さっぱりとした玉ねぎソースを合わせました。香りづけのチャービルと、ピリッとした黒こしょうがいいアクセントに。しょうゆにわさびでいただいているいつものサーモンのお刺身を、新たな味わいでいただけます。

切って巻いてかけるだけ、の簡単調理なので、急な来客時や、急ぎ一品足したいときに重宝します。

# 玉ねぎソースでキャベツサラダ

千切りキャベツに、酸味のある玉ねぎソースを合わせて、
ささっと簡単に、副菜のできあがり。
クミンシードの香りをアクセントにしたシンプルサラダです。

材料（2人分）

キャベツ…150g（1/8個）
玉ねぎソース（P.130参照）…大さじ2
クミンシード…小さじ1/2
塩…少々

作り方

1 キャベツを千切りにして塩を振り、しばらく置いたら軽く絞って水気を切る。

2 ボウルに①、玉ねぎソース、クミンシードを入れ、さっと和えたら完成。

## かすかに香るクミンの風味が味の決め手

お肉料理やカレーなどガツンとした料理の付け合わせや副菜として活躍するので、作り置きしておくと便利です。

クミンシードをはじめとするスパイスの香り成分は油溶性で、油で炒めると香りがぐんと立ちますが、このレシピでは油で炒めたりせずにそのまま使い、クミンの香りは控えめにしてみました。お酒を飲みながらも、箸が進む食欲そそる逸品です。

# パセリソース

風味が強いパセリが大量に手に入ったら、仕込んで常備します。
チーズのコクとうま味、にんにくの香りがきいた食欲そそるソース。
シンプルな料理にかけるだけで、存在感のある一品に。

材料（作りやすい分量）

パセリ…50g（太い茎を除いて）
にんにく…1片
パルミジャーノ・レッジャーノ…20g
アーモンド…大さじ1
ケイパー（塩漬け）…小さじ1
白ワインビネガー…大さじ1
塩…少々
オリーブ油…50cc
菜種油…50cc

作り方

1 パセリは適当な大きさにちぎる。パルミジャーノ・レッジャーノは小さく切る。ケイパーは水でさっと洗う。

2 ミキサーにすべての材料を入れ、よく撹拌したら完成。

## 他のハーブを足してアレンジしても◎

ハーブのソースといえばバジルを使ったジェノベーゼソースを目にすることが多いですが、それをベースに、より鮮やかな色を楽しめるパセリでアレンジしてみました。

青々しいパセリの風味に、パルミジャーノ・レッジャーノのコクとうま味が加わり、シンプルな料理にかけるだけで、存在感のある一品に。ゆでたじゃがいもを和えたり、イカやホタテなど魚介の冷製パスタのソースにしたり……と使い方もいろいろ。色もきれいな鮮やかなグリーンなので、映えるひと皿になります。

# パセリソースでグリーンパスタ

パセリソースはパスタソースとしても使えます。
真っ赤なトマトと合わせれば、目にも鮮やかなひと皿に。
パルミジャーノ・レッジャーノと合わせて香り高いパスタの完成。

材料（2人分）

パスタ（コンキリエ・リガーテ）…80g
ミニトマト…4個
パルミジャーノ・レッジャーノ…適量
パセリソース（P.136参照）…大さじ2～
オリーブ油…大さじ1

作り方

1 パスタは表示通りにゆでる。ミニトマトは8等分に切る。

2 ボウルにパスタ、削ったパルミジャーノ・レッジャーノ、パセリソース、オリーブ油を入れ、よく混ぜ合わせる。

3 器に②を盛り、ミニトマトをトッピングしたら完成。

## ショートパスタに絡めて色鮮やかなミニトマトをアクセントに

パスタはロングパスタでももちろんいいのですが、ショートパスタのほうがソースが絡みやすくなります。このレシピでは「コンキリエ・リガーテ」という種類のパスタを使用しました。貝殻のような形で見た目もかわいく、表面の溝にソースがよく絡まります。

パセリ色に染まったパスタとは対照的な真っ赤なミニトマトをトッピング。コントラストのある色鮮やかなパスタのできあがりです。

# パセリソースで
# ピンクグレープフルーツとアーモンド

ピンクグレープフルーツに、パセリソースが映える前菜です。
みずみずしいグレープフルーツとアーモンドの食感がおいしいサラダ。
パセリの青々としたさわやかな風味が味に深みを出してくれます。

### 材料（2人分）

ピンクグレープフルーツ…1個
アーモンド（砕いたもの）…大さじ1
パセリソース（P.136参照）…小さじ2
オリーブ油…適量

### 作り方

1 ピンクグレープフルーツは皮をむいて実をほぐす。

2 器に①を盛り、パセリソース、アーモンド、オリーブ油をかけたら完成。

## グレープフルーツの新たな食べ方の提案

グレープフルーツはハーブととても相性のいいフルーツです。みずみずしくジューシーで甘味が強く、さらに清涼感があり、これにパセリのソースが加わると、あっという間に香り高いフレッシュな前菜のできあがり。全体的にあっさりした味わいなので、アーモンドの香ばしさをプラスしました。

冷えた白やロゼワイン、すっきりとしたスパークリングワインととても合います。

# パセリソースでアボカドとモッツァレラチーズ

森のバターともいわれるクリーミーで濃厚な味わいのアボカドを、
青々とさわやかな風味のパセリソースでいただきます。
ミルキーなモッツァレラチーズと一緒に。

材料（2人分）

アボカド…1個
モッツァレラチーズ…100g
パセリソース（P.136参照）…大さじ2
レモン果汁…大さじ1
塩…適量
黒こしょう…適量
オリーブ油…適量

作り方

1 アボカドは種を取り除いてひと口大に切る。

2 ボウルに①、パセリソース、レモン果汁を入れ、さっと和える。

3 器に②とちぎったモッツァレラチーズを盛る。

4 モッツァレラチーズに塩、黒こしょうを振り、オリーブ油をかけたら完成。

## アボカドとパセリの緑、チーズの白の彩りが絶妙

アボカドをパセリソースで和えてグリーンを際立たせ、真っ白なモッツァレラチーズを合わせてみました。対照的な色を楽しみたかったので、それぞれは分けて盛りつけました。一緒に食べると、なめらかな口当たりのアボカドに、モッツァレラチーズのクリーミーさ、風味豊かなパセリソースが混ざり合い、さらにおいしくいただけます。

香りづけの黒こしょうがピリッときいて味を引き締めてくれ、前菜や箸休めにぴったりです。

# Rule 10

## 彩りあるワンプレートで華やかに

### ひと皿でさまざまな味わいを組み合わせて

「このひと皿で満足！」の煮込み料理や麺類の他、お肉やお魚、野菜やチーズなどひと皿に複数の料理を盛り合わせたワンプレート。

サラダとお肉のソテー、煮込み料理、和えそば、アクアパッツァとパスタ、中東風コロッケのファラフェルとパンなど、バリエーション豊かなワンプレート料理をそろえました。

一品一品のおいしさはもちろんのこと、さまざまな料理を組み合わせていただくことで、ワンプレート内で味が完成します。

複数の料理をひと皿にのせるので、盛りつけにもこだわっています。具材のサイズをそろえたり、グラデーションを意識して並べたり、同系色をまとめて盛りつけたり……と華やかな仕上がりに。

# チキンソテーとキヌアサラダのワンプレート

肉料理とサラダを盛り合わせたカフェ風のおしゃれなワンプレート。
はっさくの黄色、紫キャベツの赤紫色、葉野菜のグリーンと色とりどりに盛りつけました。
にぎやかで盛りだくさんの雰囲気が食欲をそそります。

材料（1～2人分）

【チキンソテー】
鶏もも肉…1枚
塩…小さじ1/2
黒こしょう…適量
オリーブ油…大さじ2

【キヌアサラダ】
キヌア…大さじ2
ミニトマト…4個
紫玉ねぎ…50g（1/4個）
はっさく…1/4個
チャービル…1枝
イタリアンパセリ…1枝
塩…適量
黒こしょう…適量
オリーブ油…大さじ1

【付け合わせ】
紫キャベツのマリネ（P.10参照）
…適量
お好みの葉物野菜…適量

作り方

1 チキンソテーを作る。鶏肉は筋に切り目を入れ、塩を振る。

2 フライパンにオリーブ油を中火で熱し、鶏肉の身側を下にして入れる。弱火に落として30秒ほど焼いたら、裏返してじっくり8～10分焼く（身側を先に焼くことで、皮が反り返りにくくなる）。

3 皮目にしっかり焼き目がついたら再度裏返し、2～3分焼いて火を止める。そのまま5分ほど置き、余熱で火を通したら黒こしょうを振る。

4 キヌアサラダを作る。鍋にたっぷりの水（分量外）、塩少々、さっと洗ったキヌアを入れて中火にかけ、ひと煮立ちさせたら弱火に落とし、ふたをして15分ほどゆでる。

5 ④をザルに上げて水気を切り、10分ほど置いて粗熱をとる（キヌアはとても小さい粒なので、目の細かいザルを使用）。

6 ミニトマトは8等分に切る。紫玉ねぎ、チャービル、イタリアンパセリはみじん切りにする。はっさくは皮をむいて実をほぐす。

7 ボウルに⑤、⑥、黒こしょう、オリーブ油を入れ、さっと混ぜ合わせたら塩少々で味を調える。冷蔵庫に入れてよく冷やし、味をなじませる。

8 器に③のチキンソテーと⑦のキヌアサラダを盛り、紫キャベツのマリネとお好みの葉物野菜を添えたら完成。

## さっぱりした付け合わせでカリッと皮目がおいしいチキンソテーを

チキンソテーは、シンプルに塩で味つけした鶏肉をジューシーに焼き上げました。キヌアのサラダは、ミニトマトや紫玉ねぎ、はっさくの酸味を合わせて、さわやかなボリュームのある一品に。キヌアとはっさくのプチプチした食感もおいしく、チキンソテーの箸休めにもなります。

加えて紫キャベツのマリネと葉野菜も付け合わせているので、いろんな種類の野菜が味わえます。

ランチプレートとしても、おつまみとしても◎。

# ラム肉のナヴァラン

ラム肉にかぶ、じゃがいも、にんじんがごろごろと入った煮込み。
トマトベースのスープに、ハーブがきいたフランスの家庭料理のひとつ。
ラム肉と野菜のうま味がぎゅっと凝縮された、心も体も温まるひと皿。

材料(5～6人分)

ラム肩ロースブロック肉…400g
玉ねぎ…200g(1個)
じゃがいも…200g(2個)
にんじん…150g(1本)
かぶ…180g(2個)
パプリカ…1/2個
にんにく…3片
Ⓐ
- パセリの茎…適量
- タイム…適量
- ローリエ…1枚
- トマトピューレ…200cc
- はちみつ…大さじ1
- 塩…小さじ1
- 水…300cc

バター…10g
小麦粉…大さじ1
塩…小さじ1
黒こしょう…適量
オリーブ油…大さじ2

作り方

1 ラム肉をひと口大に切り、塩を振って小麦粉をまぶす。

2 玉ねぎ、じゃがいも、かぶは4等分に、にんじんとパプリカはひと口大に、にんにくは半分に切る。

3 厚手の鍋にオリーブ油を中火で熱し、ラム肉の表面に焼き色がつくまで焼き、一旦取り出す。

4 ③の鍋にバターを温め、にんにくと玉ねぎを炒め、油が回ったら②の残りの野菜を加えてさっと炒める。

5 ラム肉を戻し入れ、塩以外のⒶの材料をすべて加えたらふたをする。弱火で1時間じっくり煮込み、塩で味を調える。

6 器に⑤を盛り、黒こしょうを振ったら完成。

## お肉も野菜も<br>ごろんと入った<br>とろとろ食感の煮込み

「ナヴァラン」とは、仔羊肉とかぶなどの野菜をじっくり煮込んだ料理のことで、フランスの家庭料理のひとつです。

長時間じっくり煮込んでいるので、お肉も野菜もとろとろ。ラム肉のうま味と味が染みたかぶがなんともおいしく、体の芯から温まる冬の夕食にぴったりのメニューです。

ラム肉はぜひ肩ロースを使ってください。肩ロースは煮込むほど筋繊維がほぐれて、ほろほろにやわらかくなります。かぶやにんじん、じゃがいもなどの根菜は、ごろっと入っている感じがいいので、煮崩れないように弱火でコトコト煮込んでください。

# レンズ豆と豚肉のドライカレー

スパイスが心地よくきいたレンズ豆のドライカレー。
さっと炒め合わせて煮込むだけで簡単にできあがります。
レンズ豆は下ごしらえ不要なので常備しておくと便利。
付け合わせはさっぱりとした酸味がおいしい常備菜を。

材料（2人分）

ごはん…適量
豚ひき肉…100g
玉ねぎ…100g（1/2個）
すりおろしにんにく…小さじ1
すりおろししょうが…小さじ1
レンズ豆…50g
Ⓐ
- 濃縮トマトペースト…大さじ1
- クミンパウダー…小さじ1/2
- コリアンダーパウダー…小さじ1/2
- ターメリックパウダー…小さじ1/4
- ガラムマサラ…小さじ1
- 塩…小さじ1/4
- 水…100cc

黒こしょう…少々
菜種油…大さじ2

【付け合わせ】
トマト…適量
パクチー…適量
紫玉ねぎの甘酢マリネ（P.12参照）…適量
玉ねぎソースでキャベツサラダ（P.135参照）…適量

作り方

1. 玉ねぎはみじん切りにする。レンズ豆は水で洗う。付け合わせのトマトはひと口大に切る。
2. 鍋に菜種油、にんにく、しょうがを入れ、中火にかけて炒める。
3. 香りが立ったら玉ねぎを加えて炒め、玉ねぎが透き通ってきたらひき肉とレンズ豆を加えてさっと炒める。
4. 合わせたⒶを加えて弱火にし、ふたをして15〜20分煮込む。
5. 器にごはんと④のドライカレーを盛り、紫玉ねぎの甘酢マリネ、玉ねぎソースでキャベツサラダ、トマト、パクチーを添え、黒こしょうを振ったら完成。

## スパイシーなカレーを酸味のきいたマリネでさっぱりと

スパイシーなカレーと、酸味のきいた甘酢マリネ、風味豊かなクミン香るキャベツサラダの相性は抜群。それぞれの個性を生かしつつ、ドライカレーを後味さっぱりでいただける組み合わせにしてみました。

ドライカレーにレンズ豆を使うことでうま味が出るうえ、ボリュームある印象に。レンズ豆はひと晩浸水させるなどの下ごしらえがいらないので、使い勝手のいい食材です。少し歯ざわりが残る程度に煮込むと、ホクホクとした食感になります。

## 材料（2人分）

そば…200g（2束）
白炒りごま…適量
玉ねぎソース（P.130参照）…大さじ2
麺つゆ（4倍濃縮）…大さじ2〜3
粗挽き唐辛子粉…適量
ラー油…適量

【肉味噌】
牛豚合いびき肉…150g
にんにく…1片
しょうが…1片
干ししいたけ…2個
Ⓐ
しょうゆ…大さじ1
酢…小さじ1
きび砂糖…小さじ1
甜麺醤（テンメンジャン）…大さじ1
豆板醤…小さじ2
酒…小さじ1
花椒粉（ホアジャオフェン）…適量
ごま油…大さじ1と1/2

【お好みの野菜】
水菜…適量
パクチー…適量
セロリ…適量
にんじん…適量
大葉…適量
青ねぎ…適量
スプラウト…適量

## 作り方

1 肉味噌を作る。にんにくとしょうがはみじん切りにする。干ししいたけは水にひと晩浸けて戻し、みじん切りにする（戻し汁も使用）。

2 フライパンにごま油、にんにく、しょうがを入れて中火にかけ、香りを出るまで炒める。

3 ひき肉を加えて炒め、火が通ったら①の干ししいたけ、戻し汁100cc、合わせたⒶを加える。汁気が少なくなるまで炒めたら花椒粉を加えて合わせ、火を止めて粗熱をとる。

4 水菜とパクチーは食べやすい長さに切る。セロリは薄切りに、にんじんは細切りに、大葉は千切りに、青ねぎは小口切りにする。スプラウトは根元を切る。

5 そばを表示通りにゆでてザルに上げ、冷水で洗って水気を切る。ボウルにそば、玉ねぎソース、麺つゆを入れ、よく和える。

6 器に⑤のそば、③の肉味噌、④の野菜をバランスよく盛り、白ごま、唐辛子粉、ラー油をかけたら完成。

## 野菜をどっさりのせて甘辛な肉味噌でいただく

野菜をたっぷりと食べられる具だくさんの和えそばです。しっかりと濃いめに味つけをした肉味噌と野菜を和えて食べるため、野菜は味つけなし。肉味噌の味で野菜をいただきます。

盛りつけのコツは、まず器の真ん中にそばを盛り、そのまわりに野菜を添えていきます。野菜は鮮やかなグリーンやオレンジなど元気な色があると、料理全体に華やかさが増します。紹介した野菜以外にも、きゅうりやキャベツ、トマト、大根などがおすすめ。

具だくさんで手間がかかっていそうに見えて、実は切っただけのお手軽料理。少量の野菜があまっているときにも便利なレシピです。

# たっぷり香味野菜の和えそば

たっぷり野菜がのっていて豪快な見た目ながらも、
甘辛な肉味噌を野菜に絡めながらさっぱりいただく和えそばです。
濃いめの肉味噌で、さまざまな野菜をたくさん食べられます。

# 魚介と野菜のワンプレートパスタ

丸物の魚がどーんとのり、パスタが添えてある豪華なひと皿。
皮目をこんがり焼いた魚の身をほぐしながら、アサリやパスタとともに
だしのきいたスープに浸しながら召し上がってください。

材料（2～3人分）

パスタ（乾麺）…120～150g
白身魚（下処理済み／チダイ、レンコダイなど）…1尾
アサリ（砂抜き済み）…10粒
ミニトマト…10個
ズッキーニ…80g（1/2本）
パプリカ（黄）…1/2個
イタリアンパセリ…適量
にんにく…1片
ケイパー（酢漬け）…10粒
パルミジャーノ・レッジャーノ…適量
白ワイン…大さじ2
塩…適量
オリーブ油…適量
水…400cc

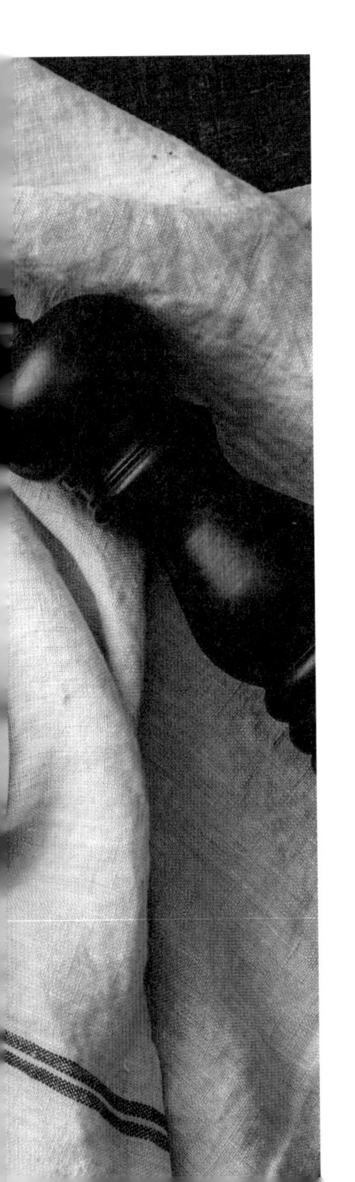

作り方

1 白身魚は塩を振り、10分ほど置いたら水気を拭き取る。ミニトマトは包丁で1カ所に切り込みを入れ、手で軽くつぶすようにして中の種を取り除く。ズッキーニは厚めの半月切りにする。パプリカは食べやすい大きさに切る。にんにくは包丁の腹でつぶす。

2 大きめのフライパンにオリーブ油大さじ3とにんにくを入れて中火で熱し、香りが立ったらにんにくを取り出す。

3 白身魚とズッキーニを入れ、両面にしっかり焼き色をつける。

4 魚を焼いている間に、パスタをゆでる。表示より1分ほど短くゆで、ザルに上げて湯を切り、オリーブ油少々を垂らしてよく和える。

5 ③にアサリ、ミニトマト、パプリカ、②のにんにく、ケイパー、白ワイン、水を加え、ひと煮立ちさせたら弱火にし、ふたをして5～8分煮る。

6 白身魚とアサリをバットに取り出し、冷めないようにアルミホイルをかぶせる。

7 ④のパスタを⑤に加え、パスタを混ぜながら2～3分煮込んだら（同一方向に混ぜると乳化させやすい）、パルミジャーノ・レッジャーノを削り入れる。

8 器に⑦を盛り、⑥をバランスよく添え、刻んだイタリアンパセリを散らしたら完成。

## 魚介だしのきいたソースをパスタに絡めて

アクアパッツァやムール貝のワイン蒸しの魚介スープに、パンを浸して食べることも多いですが、パスタを入れてよりボリューミーなひと皿に。

この料理のポイントは2つ。1つ目は、魚の煮崩れやアサリの殻が割れないように、火を通したら一旦取り出すこと。魚の煮崩れを防ぐために、お手軽に切り身を使ってもいいと思います。2つ目は、工程7でパスタをスープに加えたら、同一方向にくるくる混ぜるようにするとしっかり乳化し、さらにスープにとろみが出て一体感が生まれます。

ミニトマト、ズッキーニ、パプリカで赤、緑、黄と彩り豊かに。工程1の、ミニトマトの種を取り除くほんのひと手間で、酸味がやわらぎます。

# ファラフェルのワンプレート

ピタパンの他、トルティーヤ、コッペパンなどに、
ひよこ豆を使った中東のコロッケやお好みの野菜をはさんでいただきます。
お肉がなくても満足度の高い、ボリューミーなサンドイッチ風に。

材料（2～3人分）

【ファラフェル】
ひよこ豆（乾燥）…100g
玉ねぎ…50g（1/4個）
パクチー…1株
イタリアンパセリ…4枝
にんにく…1片
Ⓐ ヨーグルト…大さじ2
　レモン果汁…小さじ1
　塩…少々
Ⓑ レモン果汁…小さじ1
　クミンパウダー…小さじ1/2
　コリアンダーパウダー…小さじ1/4
　塩…小さじ1/2
　黒こしょう…適量
小麦粉…大さじ1～2
ベーキングパウダー…小さじ1/2
揚げ油…適量

【付け合わせ】
パン…適量
（写真はトルティーヤ）
トマト…適量
紫玉ねぎ…適量
レタス…適量
パクチー…適量
レモン…適量

作り方

1 Ⓐを混ぜ合わせてヨーグルトソースを作る。付け合わせの野菜は食べやすい大きさに切る。

2 ファラフェルを作る。ひよこ豆は水でさっと洗い、たっぷりの水にひと晩浸したら（水の量が少ないと戻り切らないので要注意）、水気をしっかり切る。

3 玉ねぎ、パクチー、イタリアンパセリ、にんにくはざっくり切る。

4 フードプロセッサーに②、③、Ⓑを入れ、微少の粒が残る程度のペースト状に撹拌する。

5 ボウルに④、小麦粉、ベーキングパウダーを入れてよく混ぜ合わせ、冷蔵庫で30～60分休ませる。

6 ⑤を10等分にし、手で軽く握るようにして丸める（水分が多くてまとまりにくい場合は小麦粉を足して調整する）。

7 180°Cの揚げ油に⑥を入れ、表面が固まるまで1分ほど触らず、その後2～3分揚げ、こんがりといい色になったら取り出す。

8 器に⑦のファラフェル、付け合わせの野菜やパンを盛り、ファラフェルにヨーグルトソースをかけたら完成。

## お肉を使っていないのに満足度の高い中東のコロッケ

中東のコロッケのような料理で、ひよこ豆やそら豆、ハーブやスパイスなどをすりつぶして揚げたのがファラフェルです。一般的には袋状になったピタパンが添えられ、野菜などをはさんで食べますが、このレシピでは比較的手に入りやすいトルティーヤを添えました。他にも食パンやコッペパンなどではさむのも◎。付け合わせの野菜は、お好みの野菜でOK。

ソースはごまをペーストにしたタヒニソースが定番ですが、もう少し軽く食べたかったのと、簡単に作れるのでヨーグルトソースにしました。

# 彩り鮮やかなコブサラダ

具材をできるだけ同じサイズに切り、整然と並べると豪華なビジュアルに。
鶏肉にエビ、卵、野菜と、これひと皿で栄養たっぷり。
取り分けて、好きな食材を混ぜ合わせて食べるのがおすすめ。

材料（2～3人分）

鶏むね肉…100g
むきエビ…6尾
トマト…150g（1個）
紫玉ねぎ…50g（1/4個）
アボカド…1個
レタス…4枚
黒オリーブ…10粒
レッドキドニー（水煮）…大さじ2
ゆで卵…1個
片栗粉…大さじ1

Ⓐ
玉ねぎソース（P.130参照）…大さじ4
トマトケチャップ…大さじ1
レモン果汁…小さじ1
はちみつ…小さじ1
ホットソース（タバスコなど）…適量（お好みで）

作り方

1 鶏肉はゆで、手で割く。エビは片栗粉をまぶし、さっとゆでる。

2 トマトとアボカドはひと口大に切る。紫玉ねぎとゆで卵はみじん切りにする。黒オリーブは種を取り除いて半分に切る。

3 Ⓐを混ぜ合わせてドレッシングを作る。

4 器にレタスを敷き、①、②、レッドキドニーをバランスよく盛り、ドレッシングを添えたら完成（お好みでトルティーヤチップスなどを添えても）。

## 色とりどりの野菜を盛りつけ、見た目も栄養も満点に

レタスやアボカド、トマトなど彩り鮮やかな野菜の他、鶏肉にエビ、ゆで卵、ビーンズとさまざまな食材がひと皿に。

フレンチドレッシングやヴィネグレットソースでいただくのが一般的のようですが、130ページの玉ねぎソースをベースにトマトケチャップを入れたフレンチドレッシング風にしてみました。

盛りつけはグラデーションになるように配色しましたが、トマト、アボカド、紫玉ねぎなど対照的な色を隣り合わせにしてもメリハリのあるビジュアルになります。

具材は、ゆでたブロッコリー、インゲンなどの豆系、パプリカ、きゅうり、コーンなどもおすすめ。モッツァレラチーズも合います。サイズを合わせて盛りつけると見栄えするワンプレートに。

# おつまみワンプレート

野菜にフルーツ、ハムにエビなどがひと皿に集まったにぎやかな盛り合わせ。
調理はどれもシンプルだけど、甘いフルーツ、塩味のきいた生ハム、
酸味がおいしいマリネやラペなど、味のバリエーションが豊富なワンプレートです。

## 材料（3～4人分）

生ハム…適量
エビ…4尾
トマト…150g（1個）
オクラ…2本
じゃがいも…100g（1個）
クレソン…適量
セロリのレモンマリネ（P.13参照）…適量
キャロットラペ（P.18参照）…適量
赤・白ぶどう（種なし）…各適量
マイクロハーブ…適量
ゆで卵…1個
お好みのチーズ…適量
にんじんソース（P.126参照）…適量
玉ねぎソース（P.130参照）…適量
パセリソース（P.136参照）…適量
黒こしょう…適量

## 作り方

1 エビとオクラはさっと塩ゆでしてザルに上げ、粗熱をとる。

2 じゃがいもは8mm角に切り、塩ゆでしてザルに上げる。水気をよく切ったら、ボウルに入れてパセリソースで和える。トマトはひと口大に、ゆで卵は4等分に切る。

3 器に食材を盛る。オクラにはにんじんソースをかけて黒こしょう少々を振り、トマトとゆで卵には玉ねぎソースをかけて黒こしょう少々を振る。マイクロハーブなどを飾ったら完成。

4 盛りつけは、上から時計回りに、ゆでじゃがいもにパセリソース、クレソン、セロリのレモンマリネ、ゆでオクラににんじんソース、ゆで卵とトマトに玉ねぎソース、ゆでエビ、生ハム、カマンベールチーズ、ミモレットチーズ、キャロットラペ、赤・白ぶどう。

## 冷蔵庫にある常備菜や手軽な食材を並べるだけで豪華な見た目のひと皿に

さっとゆでたエビや野菜に自家製のソースをかけるだけ。一品一品は簡単だけど、盛り合わせにするとボリューム感も満足度も一気に上がります。料理は見た目も重要なので、盛りつけ方にもこだわりました。

比較的同じ色の食材を近くに盛りつけると、グラデーションになり、まとまりのある見栄えに。あえて違う色を交互に盛ると、にぎやかさがアップ。盛りつけ方もお好みで。

おつまみの前菜なので味つけはシンプルなものが多いのが特徴。白、ロゼなどさらっとしたワインを時間をかけて楽しんでみてください。

Tomoki

フードクリエイター／フードフォトグラファー

育児をしながら日々の料理写真をInstagramに投稿するやたちまち人気に（2023年8月現在のフォロワー数11.8万人）。
大学時代、店のメニューを家でも再現しようと、少しずつ料理の楽しみにハマっていく。社会人になり、手軽なバルに通ったり、イタリアン、フレンチ、スペイン料理などの洋食にワインを楽しむ機会が増え、家で作る料理もだんだんとワインのアテばかりに。結婚、子の誕生と環境の変化とともに、野菜やフルーツを取り入れたバランスのよいレシピを意識するようになる。好きだった写真も本業となり、2017年から料理撮影を中心に活動している。TAKAKI BAKERYアンバサダー、北野エースアンバサダー、TUMUGIアンバサダーのほか、アウトドア料理のレシピサイト「ソトレシピ」でシェフを務めるなど、料理関連のメディア、企業とのコラボ活動も多数。

Instagram：tomoky_take

野菜(やさい)に魔法(まほう)がかかる10のルールと100のレシピ

2023年10月5日　第1刷発行

著者　Tomoki(ともき)

発行者　佐藤靖
発行所　大和書房(だいわ)
東京都文京区関口1-33-4
電話03（3203）4511

ブックデザイン　宮下ヨシヲ（SIPHON GRAPHICA）
料理・スタイリング・撮影　Tomoki
編集協力　峯澤美絵
編集　滝澤和恵（大和書房）

印刷　歩プロセス
製本　ナショナル製本


ISBN978-4-479-92166-0

http://www.daiwashobo.co.jp/